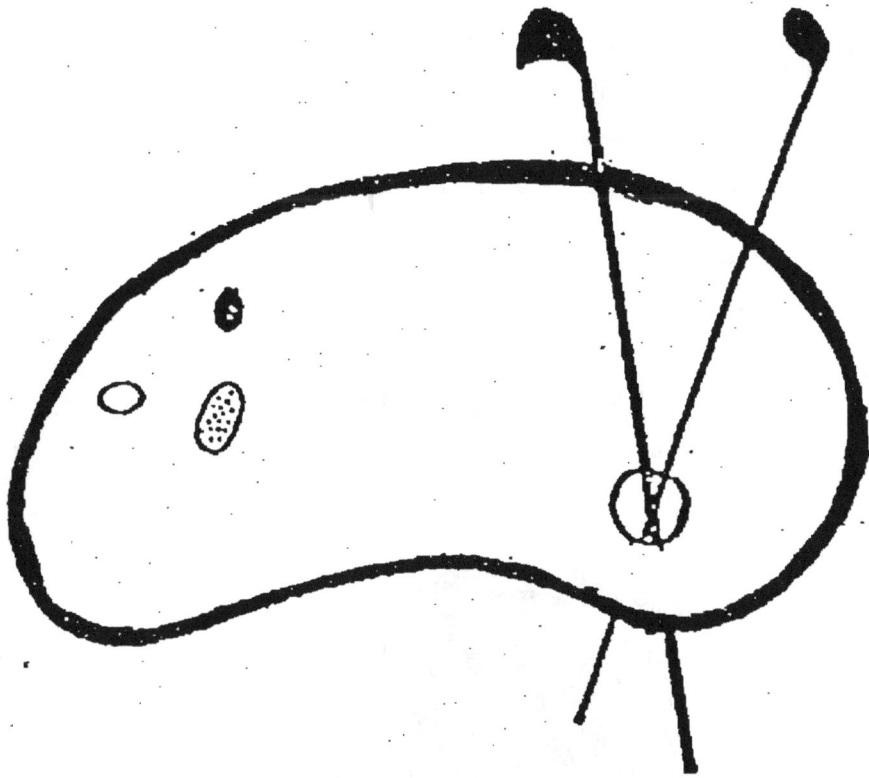

DEBUT D'UNE SERIE DE DOCUMENTS
EN COULEUR

HISTOIRE GÉNÉALOGIQUE

DES

SOUVERAINS

DE LA FRANCE

SES GOUVERNEMENTS

De Hugues Capet à l'année 1896

PAR

ALFRED FRANKLIN

ADMINISTRATEUR DE LA BIBLIOTHÈQUE MAZARINE

PARIS

LIBRAIRIE CH. DELAGRAVE

15, RUE SOUFFLOT, 15

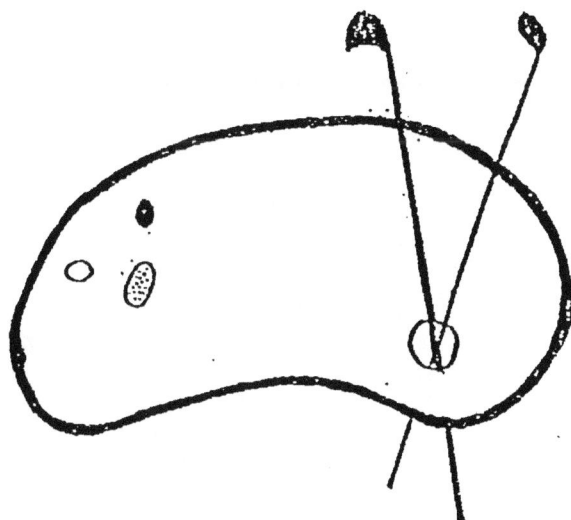

FIN D'UNE SERIE DE DOCUMENTS
EN COULEUR

HISTOIRE GÉNÉALOGIQUE

DES

UVERAINS DE LA FRANCE

SOCIÉTÉ ANONYME D'IMPRIMERIE DE VILLEFRANCHE-DE-ROUERGUE
Jules Bardoux, Directeur.

HISTOIRE GÉNÉALOGIQUE

DES

SOUVERAINS

DE LA FRANCE

SES GOUVERNEMENTS

De Hugues Capet à l'année 1896

PAR

ALFRED FRANKLIN

ADMINISTRATEUR DE LA BIBLIOTHÈQUE MAZARINE

PARIS

LIBRAIRIE CH. DELAGRAVE

15, RUE SOUFFLOT, 15

1896

TABLE

PRÉFACE

Dans les tableaux joints à ce petit volume, je me suis efforcé d'exposer sous une forme très claire l'ordre suivant lequel nos maisons royales se sont succédé. On y trouve donc mentionnés seulement les personnages indispensables pour montrer comment chacune des dynasties s'est éteinte. et comment s'est établi le droit d'hérédité qui a appelé au trône la dynastie suivante.

La clarté ne pouvait être obtenue qu'à ce prix. Mais il ne faut pas oublier que la généalogie de nos rois, leurs alliances et leur descendance, constituent une chronologie fort compliquée. Plusieurs d'entre eux ont épousé deux ou même trois femmes, et en ont obtenu un grand nombre d'enfants[1], dont le rôle a été parfois considérable.

[1] Charles VII en a eu 13; Louis VIII et Charles VI, 12; Louis IX, 11; Henri II et Louis XV, 10; Jean II et Charles V, 9; Louis VI et Louis VII, 8; Philippe IV, Louis XI et François Ier, 7; etc., etc.

C'est ce squelette de notre histoire que j'ai entrepris de constituer ici. Un squelette a le défaut d'être un objet peu attrayant au premier abord. Pourtant, toute vague qu'est cette esquisse du corps humain, elle suffit à ceux qui possèdent quelques notions d'anatomie pour retrouver la forme et la place de chaque organe, la direction des artères et des veines, le jeu des muscles, les mille manifestations du système nerveux; un léger effort de mémoire anime ce froid assemblage d'ossements, lui restitue le mouvement et la vie.

La voie à suivre était tout indiquée. En ce qui concerne les personnages célèbres ayant donné lieu à des recherches spéciales, j'ai toujours utilisé les monographies qui leur ont été consacrées. A l'égard des autres, j'ai consulté les recueils biographiques les plus autorisés.

Mais il faut s'être livré à un travail de ce genre pour se faire une idée du désordre qui règne dans les dates, au moins jusqu'au seizième siècle, relativement aux membres secondaires de nos familles royales. Et l'on n'en doit pas chercher la cause dans le mélange du vieux et du nouveau *style*, car les divergences portant sur deux, trois, quatre années ne sont pas rares. L'étude comparative des chronologies publiées jusqu'ici révèle d'inextricables, parfois même de très comiques contradictions. Il n'est pas trop exceptionnel de voir une aimable princesse, née en 1200, avoir un fils en 1205, ou un prince insignifiant, né en 1328, se marier en 1329 et avoir un héritier en 1324. Ce sont là le plus souvent des erreurs de rédaction, dont la science historique ne doit pas être rendue responsable ; mais celles qui résultent de ses incertitudes sont plus nombreuses encore, et j'ose dire que si l'on veut s'épargner bien des déceptions, le mieux est de considérer environ un dixième des dates comme des à peu près. Des études approfondies sur chaque règne, semblables à celles que nous possédons sur Charles VII, par exemple, pourront seules permettre d'arriver à une précision relative [1].

Jusqu'ici, l'œuvre fondamentale en cette matière, c'est l'*Histoire généalogique* du P. Anselme, dont la dernière édition remonte à 1726. On n'a cessé, depuis lors, de la copier, chacun s'efforçant d'ailleurs de la perfectionner, et y apportant parfois un petit contingent d'erreurs nouvelles.

Si vous le voulez, prenons comme type le règne

[1] Les renseignements généalogiques manquent parfois dans les meilleures monographies. Ainsi, on les chercherait vainement dans les belles études de M. Luchaire sur Louis VI, de M. Léopold Delisle sur Philippe-Auguste, et de M. Petit-Dutaillis sur Louis VIII. Dans son *Histoire de Blanche de Castille*, M. Élie Berger promet, sur les enfants de saint Louis, un travail qui n'a point encore paru.

de Robert II, qui vient d'être l'objet d'une remarquable monographie[1]. Voyons quelles affirmations M. Pfister a émises sur le sujet qui nous occupe, et comparons-les à celles du P. Anselme et de M. Édouard Garnier[2], archiviste aux Archives nationales.

Rozala, première femme de Robert, n'est pas mentionnée par M. Garnier. Le P. Anselme la nomme Roselle, et *croit* qu'elle a été répudiée. Elle le fut certainement.

Berthe, seconde femme, fut répudiée en 998 d'après le P. Anselme et M. Garnier, en 1001 d'après M. Pfister.

Robert a encore eu une troisième femme, Constance d'Arles. Le P. Anselme ne peut indiquer la date de son mariage. M. Garnier la fixe en 998, M. Pfister vers 1003, et la *Nouvelle biographie générale* en 1006.

Enfin, le P. Anselme attribue à Robert six enfants, dont un n'a pas existé. M. Garnier en compte sept, dont, suivant M. Pfister, deux n'ont pas existé.

Remarquez qu'ici je compare entre eux des ouvrages d'une réelle valeur. Il en existe bien d'au-

---

[1] Ch. Pfister, *Études sur le règne de Robert le Pieux*. Dans la *Bibliothèque de l'école des hautes études*. 1885, in-8°.

[2] *Tableaux généalogiques des souverains de la France et de ses grands feudataires*. Paris, 1863, in-4°.

tres, qui fourniraient des résultats plus étranges encore s'ils étaient soumis à un pareil examen. Dès lors, on comprend pourquoi je n'ai pas eu l'imprudence de m'aventurer dans les brumes où se perdent les temps antérieurs au règne de Hugues Capet. Toutefois, ce petit volume représentât-il le dernier mot de la science actuelle, il n'en renfermerait pas moins, comme je l'ai démontré, une foule d'erreurs. Pour celles qui seraient imputables à l'auteur, il demandera volontiers qu'on les excuse, mais il souhaite surtout qu'on les corrige, et il remercie d'avance les personnes qui voudraient bien les lui signaler.

TABLEAU N° 1. Voy. p. 9.

SUCCESSION AU TRONE

de Hugues Capet à Louis IX.

Robert le Fort

|

ROBERT Ier

|

Hugues le Grand

|

1. HUGUES CAPET

|

2. ROBERT II

|

3. HENRI Ier

|

4. PHILIPPE Ier

|

5. LOUIS VI

|

6. LOUIS VII

|

7. PHILIPPE II

|

8. LOUIS VIII

|

9. LOUIS IX

HISTOIRE GÉNÉALOGIQUE

DES

SOUVERAINS DE LA FRANCE

I.

CAPÉTIENS DIRECTS

HUGUES CAPET

Arrière-petit-fils de Robert le Fort, comte d'Anjou. Fils de Hugues le Grand[1], comte de Paris, duc de France, et d'Hedwige, fille de Henri Ier l'Oiseleur, roi de Germanie. Né vers 946. D'abord comte de Paris et duc de France. Roi à la fin de mai 987. Sacré le 1er juillet 987. Mort le 24 octobre 996.

Femme :

ADÉLAÏDE *d'Aquitaine,* sœur de Guillaume III, dit Tête-d'étoupes, duc d'Aquitaine. Mariée vers 970. Morte vers 1004.

Enfants :
ROBERT II.

[1] À cette époque le mot *Grand* ne constituait pas toujours une épithète louangeuse. Il s'appliquait souvent à la taille du personnage, et plus souvent encore indiquait sa qualité de chef de la famille.

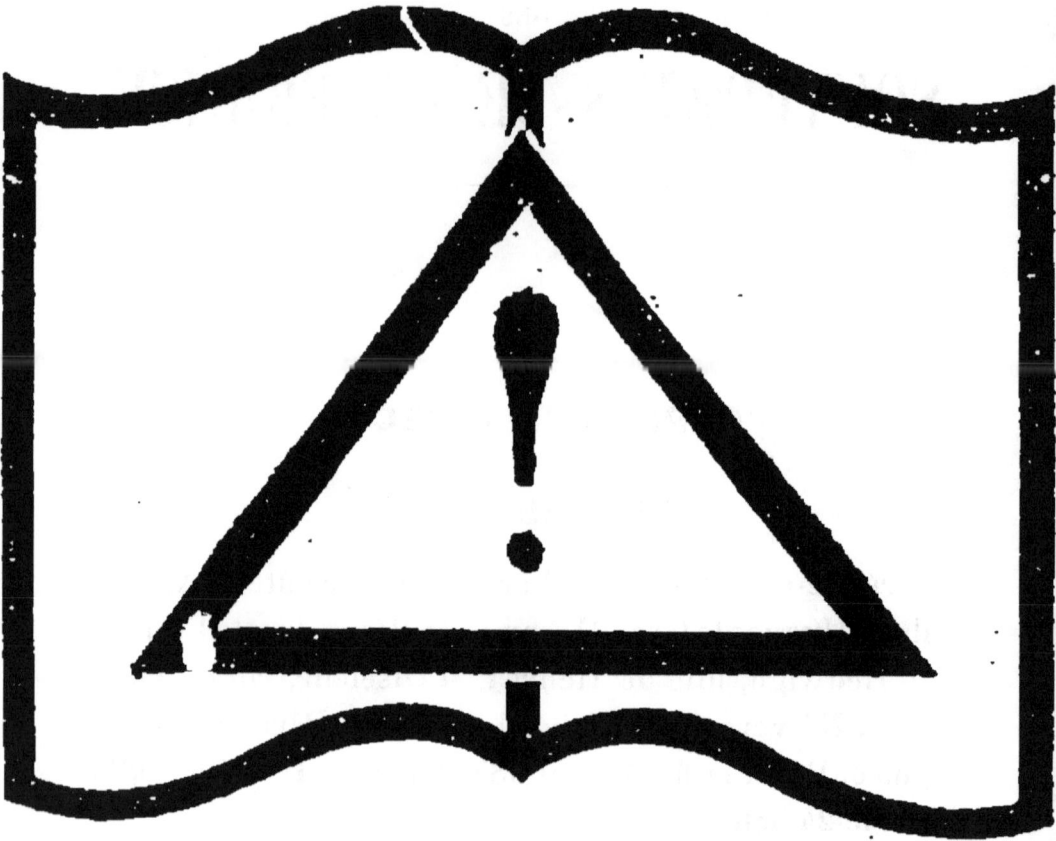

PAGINATION DECALEE

HEDWIGE, mariée à Rainier IV, comte de Hainaut, puis à Hugues III, comte de Dachsbourg.

GISLA ou GISELLE, dame d'Abbeville, mariée à Hugues Ier, comte de Ponthieu.

Enfant naturel :

GAUZLIN, abbé de Fleury, archevêque de Bourges, mort en 1030.

ROBERT II
Dit *le Dévot* et *le Pieux*.

Fils de Hugues Capet et d'Adélaïde d'Aquitaine. Né à Orléans vers 971. D'abord duc de Bourgogne. Associé au trône le jour de Noël 987. Roi le 24 octobre 996. Mort au château de Melun le 20 juillet 1031.

Femmes :

ROZALA, dite *Suzanne*[1], veuve d'Arnoul III, comte de Flandre. Mariée après 988. Répudiée l'année suivante. Morte le 7 février 1003.

BERTHE, fille de Conrad le Pacifique, roi de Bourgogne, veuve de Eudes, comte de Chartres, Tours et Blois, à qui elle avait donné six enfants. Mariée avec Robert vers 996. Répudiée, pour cause de parenté, en 1001.

CONSTANCE *d'Arles,* dite *Blanche, Blandine* ou *Candide*[2], fille de Guillaume Ier, comte d'Arles. Mariée vers 1003. Morte à Melun en juillet 1032.

---

[1] *Susanna,* nom qu'elle prit en se remariant.
[2] A cause de la blancheur de son teint.

Enfants :

Tous provenant de Constance d'Arles :

HUGUES, né en 1007, associé à la couronne le 9 juin 1017, mort le 17 septembre 1025.

HENRI Ier.

ROBERT, dit *le Vieux* [1], duc de Bourgogne, mort en 1075.

EUDES. On ne connaît ni la date de sa naissance, ni celle de sa mort. Il se révolta contre son père et fut emprisonné à Orléans.

ADÈLE. Mariée très jeune, en janvier 1027, à Richard III, duc de Normandie. Veuve le 6 août 1027. Remariée en 1028 avec Baudouin, comte de Lille. Morte en 1079.

HENRI Ier

Fils de Robert II et de Constance d'Arles. Nevers 1008. Duc de Bourgogne en 1017. Associé au trône en 1027. Roi le 20 juillet 1031. Mort à Vitry-en-Brie le 4 août 1060.

Femmes :

MATHILDE, nièce de Henri III, empereur d'Allemagne. Morte avant 1044.

ANNE, AGNÈS ou GERTRUDE *de Russie*, fille de Jaroslaf, grand-duc de Russie. Mariée vers 1050. Remariée, après 1060, avec Raoul de Péronne, comte de Crépy et de Valois. Morte vers 1066.

Enfants :

Tous d'Anne de Russie :

---

[1] *Vetulus.*

PHILIPPE Ier.

ROBERT, mort en bas âge vers 1060.

HUGUES, dit *le Grand*. Né en 1057. Devenu comte de
Vermandois par son mariage avec Alix, héritière des
comtés de Vermandois et de Valois. Mort à Tarse, en
Cilicie, le 18 octobre 1102.

PHILIPPE Ier

Fils de Henri Ier et d'Anne de Russie. Né en 1052.
Associé au trône le 23 mai 1059. Roi le 4 août 1060, sous
la régence de Baudouin V, comte de Flandre. Mort, au
château de Melun, le 3 août 1108.

Femme :

BERTHE *de Hollande*, fille de Florent Ier, comte de
Hollande. Mariée en 1072. Répudiée, sous prétexte de
parenté, en 1092. Morte en 1093.

Enfants :

LOUIS VI.

CONSTANCE. Mariée en 1101 à Hugues, comte de Troyes.
Répudiée en 1104. Remariée en 1107 à Bohémond,
prince d'Antioche, qui était venu implorer le secours
des chevaliers français en faveur des chrétiens de la Palestine. Morte vers 1125[1].

---

[1] On a souvent attribué à Philippe Ier deux autres enfants mâ-
les, Henri et Charles, qui tous deux seraient morts en bas âge.
Voy. A. Luchaire, *Recherches sur les premières années de la vie de
Louis le Gros*, p. 32. On y trouve une note que l'auteur n'a pas re-
produite dans ses *Annales de Louis le Gros*.

Enfants naturels :

De Bertrade de Montfort, femme de Foulques, dit *le Réchin*, comte d'Anjou et de Touraine.

PHILIPPE, comte de Mantes et seigneur de Montlhéry.

FLEURY ou FLORE, marié à N., héritière de Nangis.

CÉCILE, mariée en 1106 à Tancrède, neveu de Bohémond ; puis, vers 1113, à Pons de Toulouse, comte de Tripoli. Morte vers 1130.

EUSTACHE, mariée à Jean, comte d'Étampes.

LOUIS VI

Dit *Thibaut, le Gros, l'Éveillé, le Chassieux* et *le Batailleur* [1].

Fils de Philippe Ier et de Berthe de Hollande. Né en décembre 1081 [2]. D'abord comte de Vexin et comte de Vermandois. Associé au trône en 1098. Roi le 3 août 1108. Mort à Paris le 1er août 1137.

Femmes :

LUCIENNE *de Rochefort,* fille de Gui le Rouge, comte de Rochefort. Mariée en 1104. Séparée, pour cause de parenté, en 1108.

ALIX ou ADÉLAÏDE dite *de Maurienne* ou *de Savoie,* fille de Humbert II, comte de Maurienne. Mariée le 3 août 1115. Remariée, après la mort de Louis VI, avec

---

[1] En latin : *Tedbaldus, Grossus, Crassus, Non dormiens, Lippus,* etc.

[2] Date très controversée. Voy. A. Luchaire, *Dissertation sur la date de la naissance de Louis VI.* Dans les *Annales de la vie et du règne de Louis VI*, p. 285.

Mathieu de Montmorency, connétable de France. Morte
en 1154.

Enfants :

Tous d'Adélaïde de Maurienne :

PHILIPPE, né le 29 août 1116. Associé au trône le 14
avril 1129[1]. Mort à Paris le 13 octobre 1131.

LOUIS VII.

HENRI, moine de Clairvaux, abbé de Notre-Dame de
Poissy, archevêque de Reims. Mort le 13 novembre 1175.

HUGUES, mort en bas âge.

ROBERT, comte de Dreux. Mort le 11 octobre 1188.

PHILIPPE, élu évêque de Paris. Mort le 14 septembre
1161.

PIERRE, seigneur de Courtenay. Mort avant 1183.

CONSTANCE, mariée en 1140 à Eustache, comte de
Blois, fils d'Étienne, roi d'Angleterre ; puis à Ray-
mond V, comte de Toulouse. Morte après 1176.

Fille naturelle :

ISABELLE, mariée en 1117 à Guillaume, fils d'Osmond
de Chaumont.

LOUIS VII
Dit *le Jeune* et *le Pieux.*

Fils de Louis VI et d'Adélaïde de Maurienne. Né en
1120. Associé au trône le 25 octobre 1131. Roi le 1er
août 1137. Mort à Paris le 18 septembre 1180.

Femmes :

ALIÉNOR ou ÉLÉONORE *d'Aquitaine,* fille de Guil-

---

[1] Voy. ci-dessous, p. 20.

laume X, dernier duc d'Aquitaine ou de Guyenne. Née en 1122. Mariée à Bordeaux en août 1137. Répudiée, sous prétexte de parenté, le 18 mars 1152. Remariée à Henri II, roi d'Angleterre. Morte le 31 mars 1204.

CONSTANCE *de Castille*, fille d'Alfonse VIII, roi de Castille. Mariée en 1154. Morte en 1160.

ALIX *de Champagne*, fille de Thibaut IV, comte de Champagne. Mariée en novembre 1160. Morte à Paris le 4 juin 1206.

Enfants :

D'Éléonore d'Aquitaine :

MARIE. Née en 1138. Mariée à Henri Ier, comte de Champagne. Morte le 11 mars 1198.

ALIX. Née en 1149. Mariée en 1174 à Thibaut, comte de Blois. Morte après 1183.

De Constance de Castille :

MARGUERITE, comtesse de Vexin. Mariée vers 1170 à Henri Court-Mantel, fils de Henri II, roi d'Angleterre ; puis en 1185 à Bela III, roi de Hongrie. Morte à Acre en Palestine en 1196.

ALIX, morte jeune.

D'Alix de Champagne :

ALIX. Mariée vers 1195 à Guillaume III, comte de Ponthieu.

PHILIPPE II.

AGNÈS. Née vers 1170. Mariée à Alexis Comnène, empereur de Constantinople ; puis à Andronic, meurtrier du précédent ; puis à un grand seigneur d'Andrinople. Morte après 1204.

PHILIPPE II
Dit *Dieudonné, Auguste, le Magnanime, le Conquérant* et *le Fortuné.*

Fils de Louis VII et d'Alix de Champagne. Né à Gonesse, près Paris, le samedi 21 août 1165. Associé au trône le 1er novembre 1179. Roi le 18 septembre 1180. Mort à Mantes le 14 juillet 1223.

Femmes :

ISABELLE *de Hainaut,* fille de Baudouin V, comte de Hainaut. Mariée le 28 avril 1180. Morte à Paris le 15 mars 1190.

INGEBURGE *de Danemark,* fille de Waldemar le Grand, roi de Danemark. Née en 1175. Mariée à Amiens le 14 août 1193. Sacrée le 15 août, puis répudiée, sous prétexte de parenté, le 5 novembre de la même année. Morte à Corbeil le 29 juillet 1236.

AGNÈS *de Méranie,* fille de Berthold, duc de Méranie, dans le Tyrol. Mariée en juin 1196. Morte au château de Poissy en 1201.

Enfants :
D'Isabelle de Hainaut :
LOUIS VIII.

N., N., deux jumeaux, morts en bas âge vers 1190.
D'Agnès de Méranie :
MARIE, née vers 1198. Morte le 1er août 1238.

PHILIPPE, dit *Hurepel* ou *le Mal peigné,* comte de Clermont, Boulogne, Dammartin, etc., né en 1200. Mort à Corbie en 1234.

Enfant naturel :

PIERRE-CHARLES, dit *Charlot*, trésorier de Saint-Martin de Tours, puis évêque de Noyon en 1240. Mort en 1249.

LOUIS VIII
Dit *Cœur de lion* ou *le Lion*.

Fils de Philippe II et d'Isabelle de Hainaut. Né à Paris le 3 ou le 5 septembre 1187[1]. Roi d'Angleterre en 1216. Roi de France le 14 juillet 1223. Sacré le 6 août 1223. Mort au château de Montpensier, en Auvergne, le 8 novembre 1226.

Femme :

BLANCHE *de Castille*, fille d'Alfonse IX, roi de Castille. Née à Palencia avant le 4 mars 1188. Mariée le 23 mai 1200. Sacrée le 6 août 1223. Morte le 26 ou le 27 novembre 1252.

Enfants :

N., une fille, née en 1205. Morte jeune.

PHILIPPE, né le 9 septembre 1209. Mort vers 1218.

ALPHONSE,
JEAN, } deux jumeaux, nés à Lorrez-le-Bocage, en Gâtinais, le 26 janvier 1213. Morts en bas âge.

LOUIS IX.

[1] Rigord, médecin de Philippe-Auguste, écrit que Louis VIII naquit le lundi 5 septembre, à la onzième heure du jour. Mais le 5 septembre 1187 était un samedi et non un lundi. Voy. Rigord, *Gesta Philippi Augusti*, édit. Delaborde, t. I, p. 82, et l'*Histoire littéraire de la France*, t. XVII, p. 374.

Robert, comte d'Artois. Né à la fin de septembre 1216. Tué à Mansourah le 8 février 1250.

Jean, comte d'Anjou et du Maine. Né le 21 juillet 1219. Mort à Poissy vers 1227.

Alphonse, comte de Poitiers et de Toulouse. Né le 11 novembre 1220. Mort à Sienne le 21 août 1271.

Philippe-Dagobert, né le 20 février 1222. Mort jeune.

Isabelle, née avant le mois de juin 1224. Religieuse au couvent de Longchamp, près Paris. Morte le 23 février 1269.

Étienne, né à Paris en 1225.

Charles, comte d'Anjou et du Maine, roi de Naples et de Sicile. Né posthume dans les premiers mois de 1227[1]. Marié en 1245. Mort le 7 janvier 1295.

LOUIS IX
Dit *le Saint*.

Fils de Louis VIII et de Blanche de Castille. Né à Poissy le 25 avril 1214[2]. Roi, sous la tutelle de sa mère,

[1] Louis VIII n'ayant plus revu sa femme depuis le 17 mai 1226, jour où il partit de Bourges pour sa dernière expédition, Charles dut naître en février 1227.

[2] « Le jour de saint Marc, évangéliste, » écrit Joinville. (Édit. de 1868, p. 25.)

Le lieu et la date de naissance de saint Louis ont donné lieu à de nombreuses controverses. On l'a fait naître à Neuville-en-Hez, au diocèse de Beauvais, et en l'année 1215. Ces deux hypothèses sont aujourd'hui à peu près abandonnées. Voy. les *Bollandistes*,

TABLEAU N° 2. Voy. p. 18.

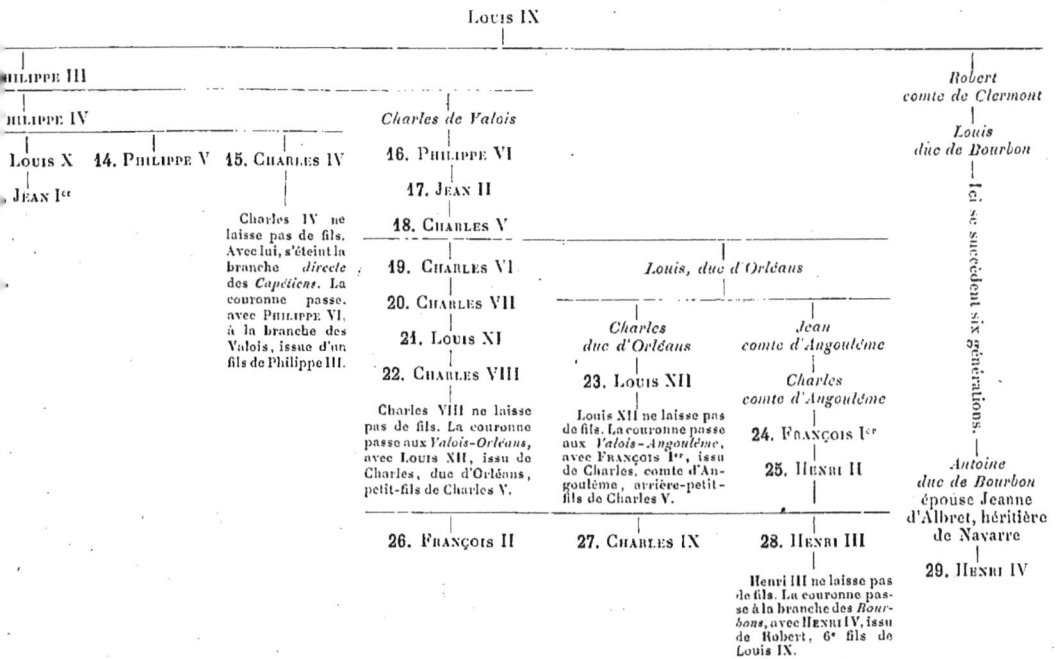

SUCCESSION AU TRONE
de Louis IX à Henri IV.

LOUIS IX

PHILIPPE III   *Robert comte de Clermont*

PHILIPPE IV   *Charles de Valois*   *Louis duc de Bourbon*

LOUIS X   14. PHILIPPE V   15. CHARLES IV   16. PHILIPPE VI

JEAN Ier   17. JEAN II

Charles IV ne laisse pas de fils. Avec lui, s'éteint la branche *directe* des *Capétiens.* La couronne passe. avec PHILIPPE VI, à la branche des Valois, issue d'un fils de Philippe III.

18. CHARLES V

19. CHARLES VI   *Louis, duc d'Orléans*

20. CHARLES VII

21. LOUIS XI   *Charles duc d'Orléans*   *Jean comte d'Angoulême*

22. CHARLES VIII   23. LOUIS XII   *Charles comte d'Angoulême*

Charles VIII ne laisse pas de fils. La couronne passe aux *Valois-Orléans,* avec LOUIS XII, issu de Charles, duc d'Orléans, petit-fils de Charles V.

Louis XII ne laisse pas de fils. La couronne passe aux *Valois-Angoulême,* avec FRANÇOIS Ier, issu de Charles, comte d'Angoulème, arrière-petit-fils de Charles V.

24. FRANÇOIS Ier

25. HENRI II

Ici se succèdent six générations.

Antoine duc de Bourbon épouse Jeanne d'Albret, héritière de Navarre

26. FRANÇOIS II   27. CHARLES IX   28. HENRI III   29. HENRI IV

Henri III ne laisse pas de fils. La couronne passe à la branche des *Bourbons,* avec HENRI IV, issu de Robert, 6e fils de Louis IX.

le 8 novembre 1226. Sacré le 29 novembre de la même année. Déclaré majeur le 25 avril 1236. Mort devant Tunis le 25 août 1270.

Femme :

MARGUERITE *de Provence,* fille de Raymond-Bérenger IV, comte de Provence. Née en 1221. Mariée le 27 mai 1234. Morte le 21 décembre[1] 1295.

Enfants :

BLANCHE, née en 1240. Morte le 29 avril 1243.

ISABELLE, née le 2 mars 1241. Mariée en 1258 à Thibaut II, roi de Navarre. Morte près de Cosenza, en Calabre, le 28 janvier 1271.

LOUIS, né le 21 septembre 1243. Mort à Paris en 1260.

PHILIPPE III.

JEAN, mort en bas âge, le 10 mars 1248.

JEAN, dit *Tristan,* né à Damiette en 1250, comte de Valois, de Crécy et de Nevers. Mort devant Tunis le 3 août 1270.

BLANCHE, née en 1252 à Joppé (Jaffa), en Syrie. Mariée à Burgos en 1269 avec Ferdinand, fils d'Alfonse X de Castille. Veuve en 1275. Morte à Paris le 17 juin 1320.

mois d'août, t. V, p. 287. — Natalis de Wailly, *Mémoire sur la date et le lieu de naissance de saint Louis,* dans la *Bibliothèque de l'École des chartes,* VIe série, t. II (1866), p. 105. — Huillard-Bréholles, *Lieu de naissance de saint Louis,* dans les *Mémoires de la Société des antiquaires de France,* année 1859, p. 174.

[1] J'adopte la date fournie par Tillemont. Quelques auteurs donnent celle du 31 décembre.

PIERRE, comte d'Alençon, de Blois et de Chartres. Mort à Salerne le 6 avril 1284.

ROBERT, comte de Clermont, tige de la maison de Bourbon, né en 1256. Marié vers 1279 à Béatrix de Bourgogne, fille unique de Jean, duc de Bourgogne, seigneur de Charolais et de Bourbon. Mort le 7 février 1317.

MARGUERITE, mariée en 1269 à Jean Ier, duc de Brabant. Morte vers 1271.

AGNÈS, mariée en 1279 à Robert II, duc de Bourgogne. Morte en 1327.

PHILIPPE III[1]
Dit *le Hardi*.

Fils de Louis IX et de Marguerite de Provence. Né à Poissy le 1er mai 1245[2]. Roi le 25 août 1270. Sacré le 15 août 1271. Mort à Perpignan le 5 octobre 1285.

Femmes :

ISABELLE D'ARAGON, fille de Jacques Ier, roi d'Aragon. Mariée le 28 mai 1262. Morte à Cosenza, en Calabre, le 28 janvier 1271.

---

[1] Il est parfois appelé Philippe IV dans les textes du moyen âge. (Voy. le *Cartulaire de Notre-Dame de Chartres*, t. I, p. 135, note 1.) L'on compte alors parmi les rois Philippe, fils aîné de Louis le Gros (voy. ci-dessus p. 14), qui fut associé au trône en 1129, mais qui mourut avant son père.

[2] « In festo apostolorum Philippi et Jacobi, prima die maii, » écrit Guillaume de Nangis. *Chronicon*, édit. Géraud, t. I, p. 198.

Marie *de Brabant,* fille de Henri III, dit le Débon-
naire, duc de Brabant. Mariée à Vincennes, le 21 août
1274. Couronnée à la Sainte-Chapelle le 24 juin 1275.
Morte, près de Meulan, le 10 janvier 1321.

Enfants :

D'Isabelle d'Aragon :

Louis, mort jeune en 1276.

PHILIPPE IV.

Charles *de Valois,* comte de Valois, du Maine et
l'Anjou. Né le 12 mars 1270. Marié en 1290 à Marguerite, fille de Charles le Boiteux, roi de Naples. Mort le
16 décembre 1328. Il est la tige de la maison de Valois,
qui monta sur le trône avec Philippe VI.

De Marie de Brabant :

Louis, comte d'Évreux, d'Étampes, etc. Né en mai
1276. Mort à Paris le 19 mai 1319. Son fils Philippe
fut roi de Navarre en 1328, par son mariage avec Jeanne,
fille de Louis X.

Marguerite. Mariée le 8 septembre 1299 avec
Édouard Ier, roi d'Angleterre. Morte en 1317.

Blanche. Mariée en 1300 avec Rodolphe d'Autriche,
fils de l'empereur Albert Ier. Morte à Vienne, en Autriche, le 14 mars 1306.

PHILIPPE IV
Dit *le Bel.*

Fils de Philippe III et d'Isabelle d'Aragon. Né à Fontainebleau en 1268. Roi le 5 octobre 1285. Sacré le

6 janvier 1286. Mort à Fontainebleau le vendredi 29 novembre [1] 1314.

Femme :

JEANNE *de Navarre,* fille et héritière [2] de Henri Ier, roi de Navarre. Mariée à Paris le 16 août 1284. Morte au château de Vincennes le 2 avril 1305.

Enfants :

LOUIS X.

ISABELLE. Née en 1292. Mariée à Boulogne, le 26 jan-

---

[1] Et non le 28, comme le dit Godefroy de Paris dans sa *Chronique :* « La surveille de sainct Andrieu. » (Édit. Buchon, p. 261.) — Guillaume de Nangis est plus exact quand il écrit : « Die Veneris, vigilia sancti Andreæ apostoli, feliciter spiritum suum reddidit Creatori. » (Édit. Géraud, t. I, p. 414.)

[2] La loi salique n'existant pas en Navarre, Jeanne apporta ce royaume (ainsi que la Champagne et la Brie) à Philippe IV. Aussi ses trois fils s'intitulèrent-ils rois de France et de Navarre. La Navarre passa ensuite dans la maison d'Évreux, par le mariage de Jeanne, fille de Louis X, avec Philippe, comte d'Évreux.

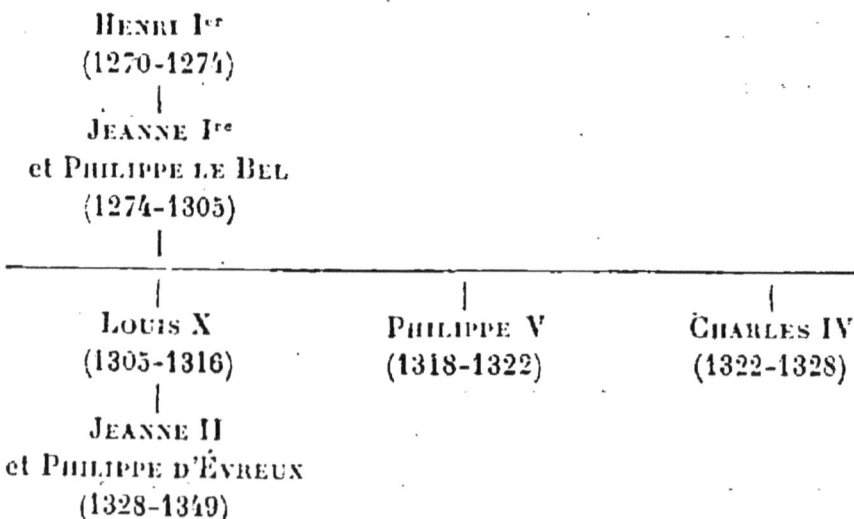

HENRI Ier
(1270-1274)
|
JEANNE Ire
et PHILIPPE LE BEL
(1274-1305)
|

LOUIS X	PHILIPPE V	CHARLES IV
(1305-1316)	(1318-1322)	(1322-1328)

JEANNE II
et PHILIPPE D'ÉVREUX
(1328-1349)

Voir, p. 50, la suite de ce tableau.

ier 1309, avec Édouard II, roi d'Angleterre. Morte en
Angleterre le 21 novembre 1357.

MARGUERITE. Née avant 1294. Morte jeune.

BLANCHE. Née avant 1294. Morte jeune.

PHILIPPE V.

CHARLES IV.

ROBERT. Né avant 1306. Mort jeune à Saint-Germain-
n-Laye.

LOUIS X
Dit *le Hutin*.

Fils de Philippe IV et de Jeanne de Navarre. Né le
octobre 1289. Roi le 29 novembre 1314. Mort à Vin-
ennes dans la nuit du 4 au 5 juin 1316, vers minuit [1].

Femmes :

MARGUERITE *de Bourgogne,* fille de Robert II, duc
e Bourgogne. Mariée le 21 septembre 1305. Tuée en
vril 1315.

CLÉMENCE *de Hongrie,* fille de Charles Ier, roi de
Iongrie. Mariée en août 1315. Morte le 13 octobre 1328.

Enfants :

De Marguerite de Bourgogne :

JEANNE *de Navarre.* Née le 28 janvier 1311. Mariée

---

[1] Et non le 5 juillet, comme on l'a dit. La vraie date est four-
ie par le testament de Clémence de Hongrie, sa veuve. « Et le
inquième jour de juing, que nostre très chier seigneur le Roy
ouys mourut. » (Voy. les *Mémoires de l'Académie des inscrip-
ons,* t. X (1736), p. 576.) — Godefroy de Paris écrit qu'il mourut
droit au quart jor de juing. » (P. 295.)

le 27 mars 1317 avec Philippe, comte d'Évreux. Morte
à Conflans, le 6 octobre 1349.

De Clémence de Hongrie :

JEAN Ier.

Enfant naturel :

ENDELINE, abbesse des Cordelières du faubourg Saint-
Marcel, à Paris. Morte après 1330.

JEAN Ier
Dit *le Posthume.*

Fils posthume de Louis X et de Clémence de Hongrie.
Né le 15 novembre 1316. Mort le 19 ou le 20 du même
mois[1]. Roi pendant ces quelques jours.

A sa mort, Jeanne, fille de Louis X, se trouvait donc

[1] On est d'accord sur la naissance du roi Jean Ier, mais la date
de sa mort a été très controversée. Il vécut QUATRE JOURS, suivant
le P. Anselme (*Histoire généalogique*, t. I, p. 32); SEPT JOURS, selon Baluze (*Vitæ paparum Aveniensium*, t. I, p. 84); HUIT JOURS,
suivant P. Dupuy (*Traité de la majorité de nos rois*, p. 67); VINGT
JOURS, suivant G. Millet (*Le trésor sacré de Saint-Denys*, p. 264);
UN MOIS, suivant Scévole de Sainte-Marthe (*Histoire généalogique
de la Maison de France*, t. I, p. 426). — Je trouve dans une pu-
blication assez récente une preuve qui ne peut plus permettre
aucun doute. Dans les comptes tenus par Geoffroi de Fleuri, ar-
gentier de Philippe le Long, figurent les dépenses faites pour les
obsèques du petit roi. On y lit que Renaut de Lor, un des cham-
bellans de Philippe le Long, alors régent, commanda, « le samedi
XXe jour de novembre, » tous les objets nécessaires pour la céré-
monie. Geoffroi en fournit la liste avec les prix. Voy. *Ce sont les
parties de l'obsèque le roy Jehan*, dans Douët-d'Arcq, *Comptes de
l'argenterie des rois de France*, p. 18.

eule héritière. Mais une femme pouvait-elle régner
ur la France? La question se posait pour la première
ois depuis l'avènement des Capétiens. Les légistes
onsultés déclarèrent que la loi salique[1] ne le permettait
as, et ils attribuèrent la couronne à Philippe le Long,
rère de Louis X.

Jeanne conserva ses droits sur la Navarre, et y devint
eine sous le nom de Jeanne II, après son mariage avec
Philippe d'Évreux (1317).

PHILIPPE V
Dit *le Long*.

Fils de Philippe IV et de Jeanne de Navarre. Né en
294. D'abord comte de Poitiers. Régent du royaume
e 5 juin 1316. Roi le 19 novembre de la même année.
Sacré le 9 janvier 1317[2]. Mort à Longchamp, le 3 jan-
ier 1322, vers minuit.

[1] La vieille loi salique alléguée par les légistes ne renferme en
éalité aucune disposition de ce genre. Le § 6 du titre LXII s'ex-
rime ainsi : « De terra vero Salica nulla portio hæreditatis mu-
'eri veniat, sed ad virilem sexum tota terræ hæreditas perveniat. »
Cinquième texte, dans Pardessus, *La loi salique*, p. 318.) Il reste-
ait à établir le sens des mots *terra Salica*, qui paraissent n'avoir
amais pu s'appliquer au domaine royal. (Voy. les *Mémoires de
Académie des inscriptions*, t. VIII (1733), p. 490, et la *Bibliothè-
ue de l'École des chartes*, t. III (1841), p. 113.) Mais il était de
rincipe que la France était un fief trop noble *pour tomber en
uenouille*. Comme l'écrit Froissart : « Li royaume de France
st de si grant noblèce qu'il ne doit mies, par succession, aler à
amelle. » (Livre Ier, § 42, édit. S. Luce, t. I, p. 84.)
[2] Et non le 6 janvier, « in festo Epiphaniæ », comme le dit Jean

Femme :

JEANNE *de Bourgogne,* fille d'Othon V, comte de Bourgogne, et de Mahaut[1], comtesse d'Artois. Mariée en janvier 1307, morte le 21 janvier 1329.

Enfants :

JEANNE *de Bourgogne.* Fiancée le 18 juin 1318 avec Eudes IV, duc de Bourgogne. Morte en 1347.

MARGUERITE. Née vers 1310. Fiancée en 1320 avec Louis II, comte de Flandre. Morte le 9 mai 1382.

ISABELLE. Mariée le 17 mai 1323 avec Guignes VIII, Dauphin de Viennois; puis, avant 1336, avec Jean, baron de Faucogney, en Franche-Comté. Morte après 1345.

BLANCHE. Religieuse à Longchamp vers 1318. Morte le 26 avril 1358.

PHILIPPE[2]. Né en janvier 1313. Mort avant le mois de mars[3] 1321.

LOUIS. Né vers 1315. Mort le 1er janvier ou le 8 février 1316.

de Saint-Victor. Voy. Ét. Baluze, *Vitæ paparum Aveniensium,* t. I, p. 119, et G. de Nangis, t. I, p. 431.

[1] Ou Mathilde.

[2] Il est presque toujours cité, à tort, comme fils de Charles le Bel.

[3] Le 24 mars 1321, Philippe le Long accordait 18 setiers de blé à prendre tous les ans dans la grange royale de Gonesse, à Aveline du Plexeis qui avait été nourrice du petit prince, « lequel lors est trépassé, » dit la charte de donation. Voy. le P. Anselme, t. I, p. 96. Le P. Anselme attribue d'ailleurs cet enfant à Charles IV.

CHARLES IV
Dit *le Bel*.

Fils de Philippe IV et de Jeanne de Navarre. Né
n 1294. D'abord comte de la Marche. Roi le 3 jan-
ier 1322. Couronné le 21 février de la même année.
Iort à Vincennes le 1er février[1] 1328.

Femmes :

BLANCHE *de Bourgogne,* fille d'Othon IV, comte de
Bourgogne, et de Mahaut d'Artois. Mariée vers 1307.
Répudiée, sous prétexte de parenté, en 1322. Morte à
'abbaye de Maubuisson en avril 1326.

MARIE *de Luxembourg,* fille de l'empereur Henri VII.
fée vers 1305. Mariée à Provins le 21 septembre 1322.
Iorte à Issoudun avant le 21 mars 1324.

JEANNE *d'Évreux,* fille de Louis, comte d'Évreux.
Iariée en 1325. Morte à Brie-Comte-Robert, le 4 mars
371.

Enfants :
De Blanche de Bourgogne :
JEANNE, morte le 17 mai 1321.
De Marie de Luxembourg :
LOUIS, né avant terme, à Issoudun, en 1323.

---

[1] Et non le 31 janvier, comme le disent toutes les biographies.
Le jour de Noël, environ mienuit acoucha au lit malade le roy
harles, et la veille de la Chandeleur mourut au bois de Vincen-
es. » (*Chroniques de Saint-Denis,* édit. P. Paris, t. V, p. 303.)
In vigilia Purificationis beatæ Mariæ, apud nemus Vicennarum, »
crit Guillaume de Nangis (t. II, p. 82).

De Jeanne d'Évreux :

JEANNE, née en 1326. Morte avant le 16 janvier 1327.

MARIE, morte le 6 octobre 1341.

BLANCHE, comtesse de Beaumont, née posthume le 1ᵉʳ avril 1328. Mariée en 1345 avec Philippe, duc d'Orléans, fils du roi Philippe VI. Morte le 8 février 1346.

II

BRANCHE DES VALOIS

Charles IV ne laissait que des filles. Aussi trois prétendants réclamèrent-ils la couronne :

1º *Philippe, comte d'Évreux*[1], qui avait épousé Jeanne de Navarre, fille de Louis X.

2º *Édouard III, roi d'Angleterre*. Son père Édouard II avait épousé Isabelle, fille de Philippe IV. Édouard III était donc petit-fils de Philippe le Bel et neveu des trois derniers rois.

3º *Philippe, comte de Valois*. Il était fils de Charles, comte de Valois, frère de Philippe le Bel, par conséquent neveu de ce dernier et cousin germain des trois derniers rois.

L'assemblée des pairs et barons du royaume décida

----

[1] La maison d'Évreux remontait au XIIIᵉ siècle. Son chef, Louis Iᵉʳ, comte d'Évreux, était le quatrième enfant de Philippe III, et par conséquent le petit-fils de saint Louis.

que Jeanne et Isabelle ne pouvaient transmettre de droits à la couronne, puisque, en vertu de la loi salique [1], elles n'en possédaient aucun, et Philippe de Valois, déjà régent du royaume [2], fut proclamé roi. Mais Édouard III ne renonça pas à ses prétentions, qui devinrent l'origine de la *Guerre de cent ans.*

PHILIPPE VI
Dit *de Valois, le Catholique* et *le Fortuné.*

Fils de Charles de Valois, troisième fils de Philippe III et d'Isabelle d'Aragon. Né en 1293. D'abord comte de Valois. Régent du royaume le 1er février 1328 [2]. Roi le 1er avril 1328. Sacré le 29 mai de la même année. Mort à Nogent-le-Roi, près de Chartres, le 22 août 1350.

Femmes :

JEANNE *de Bourgogne,* fille de Robert II, duc de Bourgogne. Mariée en juillet 1313. Morte à Paris le 12 septembre 1348.

BLANCHE *de Navarre,* dite aussi d'*Évreux,* fille de Philippe d'Évreux et de Jeanne de France, reine de Navarre. Mariée le 19 janvier 1349. Morte, à Neauphle-le-Château, le 5 octobre 1398.

---

[1] Voy. ci-dessus p. 25.

[2] A la mort de Charles IV, sa femme Jeanne d'Évreux était enceinte. Si elle accouchait d'un fils, c'est à lui que revenait la couronne. Il fallut donc pourvoir à une régence. Mais la reine accoucha d'une fille (Blanche, qui épousa un fils de Philippe VI).

Enfants :

De Jeanne de Bourgogne :

JEAN II.

MARIE. Mariée, le 8 juillet 1332, à Jean de Brabant, duc de Limbourg. Morte le 22 septembre 1333.

LOUIS, né à Vincennes le 17 janvier 1328. Mort le même jour.

LOUIS, né le 8 juin 1330. Mort le 23 du même mois.

JEAN, mort en bas âge, le 2 octobre 1333.

PHILIPPE, duc d'Orléans, né à Vincennes le 1er juillet 1336. Marié, en 1345, à Blanche de Beaumont, fille posthume de Charles IV. Mort le 1er septembre 1375. — Il eut deux enfants naturels : N., dit *le bâtard d'Orléans,* mort vers 1380, et Louis d'Orléans, devenu évêque de Beauvais, mort en 1397.

De Blanche de Navarre :

JEANNE, dite Blanche, née posthume en mai 1351. Morte à Béziers le 16 septembre 1371.

Enfant naturel :

JEAN, mort après 1350.

JEAN II
Dit *le Bon.*

Fils de Philippe VI et de Jeanne de Bourgogne. Né le 26 avril 1319. D'abord duc de Normandie et de Guyenne. Roi le 22 août 1350. Sacré le 26 septembre de la même année. Mort à Londres, le 8 avril 1364, vers minuit.

Femmes :

Bonne *de Luxembourg,* fille de Jean de Luxembourg, roi de Bohême. Mariée à Melun en mai 1332. Morte à l'abbaye de Maubuisson, le 11 septembre 1349.

Jeanne *de Boulogne* ou *d'Auvergne,* fille de Guillaume, comte de Boulogne et d'Auvergne. Mariée, à Nanterre, le 19 février 1350. Morte le 21 novembre 1361.

Enfants :

Tous de Bonne de Luxembourg :

CHARLES V.

Louis, duc d'Anjou. Né à Vincennes le 23 juillet 1339. Marié, en 1360, à Marie de Châtillon, dite de Blois. Régent de France en 1380. Roi de Naples le 30 mai 1382. Mort à Biseglia, près de Bari, le 20 septembre 1384.

Jean, comte de Poitiers, puis duc de Berri, né à Vincennes le 30 novembre 1340. Mort à Paris le 15 juin 1416.

Philippe *le Hardi,* duc de Touraine, puis duc de Bourgogne, tige des derniers ducs de Bourgogne[1]. Né le 15 janvier 1342. Marié à Marguerite de Flandre le 19 juin 1369. Mort au château de Hall, dans le Hainaut, le 27 avril 1404.

[1] Eudes IV, duc de Bourgogne (✝ 1350), eut pour successeur son fils Philippe, dit de Rouvre, dont la mère, Jeanne de Boulogne, épousa en secondes noces le roi Jean II.

A la mort de Philippe de Rouvre, décédé sans enfant en 1361, Jean II réunit la Bourgogne à la France.

Il la donna, trois ans après, à Philippe le Hardi, son quatrième fils, dont la postérité conserva cette couronne jusqu'à Marie, fille

JEANNE, née à Châteauneuf-sur-Loire le 24 juin 1343. Morte à Évreux le 3 novembre 1373.

MARIE, née à Saint-Germain-en-Laye le 12 septembre 1344. Mariée à Robert, duc de Bar. Morte en octobre 1404.

AGNÈS, née à Saint-Germain-en-Laye le 9 décembre 1345. Morte à Paris en avril 1349.

MARGUERITE, née au Louvre le 20 septembre 1347. Morte le 25 avril 1356.

ISABELLE, née à Vincennes le 1er octobre 1348. Mariée à Jean-Galeas Visconti en 1360. Morte à Pavie le 11 septembre 1372.

de Charles le Téméraire, qui épousa en 1477 Maximilien, archiduc d'Autriche, grand-père de Charles-Quint.

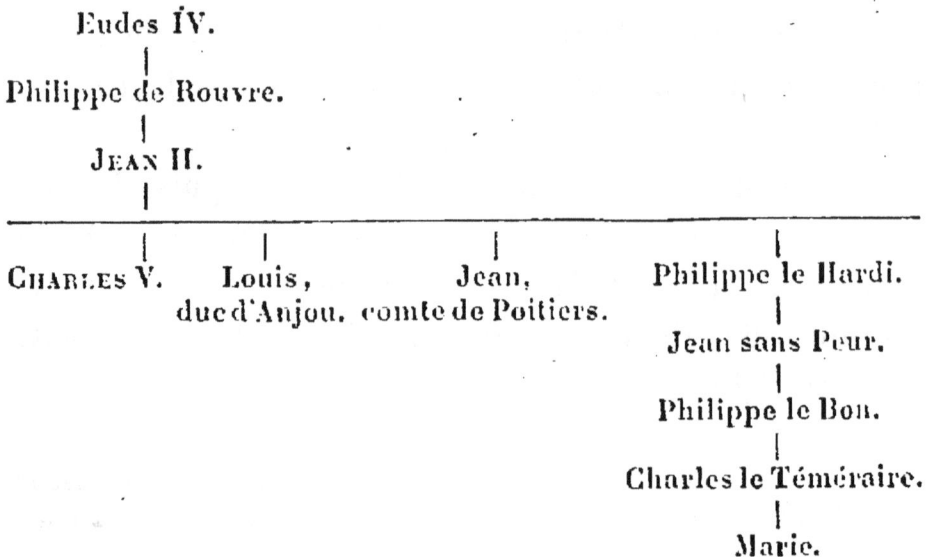

```
              Eudes IV.
                 |
         Philippe de Rouvre.
                 |
              Jean II.
                 |
    _____
    |           |              |                   |
CHARLES V.    Louis,         Jean,          Philippe le Hardi.
           duc d'Anjou.  comte de Poitiers.         |
                                            Jean sans Peur.
                                                    |
                                            Philippe le Bon.
                                                    |
                                           Charles le Téméraire.
                                                    |
                                                 Marie.
```

CHARLES V
Dit *le Sage* ou *le Savant*.

Fils de Jean II et de Bonne de Luxembourg. Né à Vincennes le 21 janvier 1337. D'abord duc de Normandie. Roi le 8 avril 1364. Sacré le 19 mai de la même année. Mort à Vincennes le 16 septembre 1380, vers 11 heures du matin.

Femme :

JEANNE *de Bourbon*, fille de Pierre Ier, duc de Bourbon. Née à Vincennes le 3 février 1338. Mariée le 8 avril 1350. Morte à Paris le 6 février 1378.

Enfants :

JEANNE, née en septembre 1357. Morte à l'abbaye de Saint-Antoine, à Paris, le 21 octobre 1360.

BONNE, morte en bas âge à Paris, le 7 novembre 1360.

JEANNE, née à Vincennes le 7 juin 1366. Morte le 21 décembre de la même année.

CHARLES VI.

MARIE, née à Paris le 27 février 1370. Morte en 1377.

LOUIS, duc d'Orléans, né à l'hôtel Saint-Paul, à Paris, le 13 mars 1372. D'abord comte de Beaumont et de Valois, puis duc de Touraine et d'Orléans. Tige de la branche royale des Valois-Orléans et des Valois-Angoulême[1]. Marié en 1389 à Valentine de Milan, dont il eut huit enfants. Leur fils aîné, Charles, duc d'Orléans, fut père du roi Louis XII ; le cinquième, Jean, comte d'An-

[1] Voy. le tableau n° 2.

goulême, fut le grand-père du roi François Ier. Louis
d'Orléans mourut assassiné à Paris le 23 novembre
1407.

ISABELLE, née à l'hôtel Saint-Paul, le 24 juillet 1373.
Morte en février 1377.

CATHERINE, née le 4 février 1377. Mariée en août 1386
avec Jean, duc de Berri, comte de Montpensier. Morte
en octobre 1388.

JEAN, mort en bas âge.

CHARLES VI
Dit *l'Insensé* et *le Bien-aimé*.

Fils de Charles V et de Jeanne de Bourbon. Né à
Paris le 3 décembre 1368[1]. Roi le 16 septembre 1380.
Mort à Paris, à l'hôtel Saint-Paul, le 21 ou le 22[2] octo-
bre 1422.

Femme :

ÉLISABETH, ISABEL ou ISABEAU *de Bavière,* fille d'É-
tienne II, duc de Bavière. Née en 1371. Mariée à Amiens
le 17 juillet 1385. Morte à l'hôtel Saint-Paul le 29 septembre 1435.

---

[1] « Le dimanche, tiers jour du mois de décembre l'an 1368, en
la tierce heure après mienuit, la royne Jeanne eut son premier
fils, en l'hostel de emprès Sainct-Pol à Paris. » (*Chroniques de
Saint-Denis,* édit. P. Paris, t. V, p. 266.)

[2] « Le 22ᵉ jour du mois d'octobre, jour des onze mille vierges. »
dit Monstrelet (chap. CCLXII, t. IV, p. 120). Mais c'était le 21 que
l'Église honorait les onze mille vierges.

Enfants[1] :

CHARLES, né à Vincennes le 25 septembre 1386. Mort à Vincennes le 28 décembre de la même année.

JEANNE, née à la maison de Saint-Ouen, près de Saint-Denis, le 14 juin 1388. Morte en 1390.

ISABELLE *d'Orléans*, née au Louvre le 9 novembre 1389. Mariée à Richard II, roi d'Angleterre, puis à Charles, comte d'Angoulême, duc d'Orléans. Morte en couches le 13 septembre 1409.

JEANNE, née au château de Melun le 24 janvier 1391. Mariée à Jean VI, comte de Montfort. Morte le 27 septembre 1433.

CHARLES, duc de Guyenne, né à l'hôtel Saint-Paul le 6 février 1392. Mort le 13 janvier 1401.

MARIE, née à l'hôtel Saint-Paul ou à Vincennes le 24 avril 1393. Morte, prieure du couvent de Poissy, le 19 août 1438.

MICHELLE, née à l'hôtel Saint-Paul le 11 ou le 12 janvier 1395. Mariée à Philippe le Bon, duc de Bourgogne. Morte à Gand en 1422.

LOUIS, duc de Guyenne. Né à l'hôtel Saint-Paul le 22 janvier 1397. Mort à Paris le 28 décembre 1415.

JEAN, duc de Touraine et de Berri, comte de Poitiers. Né à l'hôtel Saint-Paul le 31 août 1398. Mort à Compiègne le 4 ou le 5 avril 1417.

CATHERINE, née à l'hôtel Saint-Paul le 27 octobre

---

[1] Voy. *Notes sur l'état civil des princesses nées de Charles VI et d'Isabeau de Bavière*, dans la *Bibliothèque de l'École des chartes*, t. XIX (1868), p. 473.

1401. Mariée en 1420 à Henri V, roi d'Angleterre; puis à Owen Tudor, gentilhomme du pays de Galles. Morte en Angleterre en 1438.

CHARLES VII.

PHILIPPE, né à l'hôtel Barbette le 10 septembre 1407. Mort le même jour.

Enfant naturel :

D'Odette de Champdivers :

MARGUERITE *de Valois,* dame de Belleville. Née vers 1407, légitimée en 1428 et mariée à Jean de Harpedenne, seigneur de Belleville, dans le Poitou. Morte en 1458, laissant une postérité qui s'éteignit à la quatrième génération, en la personne de Claude, seigneur de Belleville, tué à Coutras en 1587.

CHARLES VII
Dit *le Victorieux* et *le Bien servi.*

Cinquième fils de Charles VI et d'Isabel de Bavière[1]. Né à l'hôtel Saint-Paul le 22 février 1403, à deux heures du matin. D'abord comte de Ponthieu, puis duc de Touraine et de Berri. Régent du royaume le 24 juin 1418. Roi le 22 octobre 1422. Mort au château de Mehun-sur-Yèvre, près de Bourges, le 22 juillet[2] 1461.

[1] Sa légitimité a été fort contestée. Voy. A. F., *L'enfant,* t. I, p. 98.

[2] « Le jour de la Magdeleine, » écrit Jean Chartier. (Édit. elzév., t. III, p. 113.)

Femme :

MARIE *d'Anjou,* fille de Louis II, duc d'Anjou, roi de Sicile. Mariée en 1421. Morte le 29 novembre 1463.

Enfants :

LOUIS XI.

RADEGONDE, née vers 1425. Fiancée en 1430 au duc Ferdinand d'Autriche. Morte le 19 mars 1445.

JEAN, né et mort en 1426.

CATHERINE, née vers 1428. Accordée en 1439 au comte Charles de Charolais. Morte à Bruxelles en 1446.

JEANNE, née vers 1430. Mariée en décembre 1446 à Jean II, duc de Bourbon. Morte le 3 mai 1482.

JACQUES, né en 1432. Mort à Tours le 2 mars 1438.

YOLANDE, née à Tours le 23 novembre 1434. Mariée en 1447 avec Amédée, prince de Piémont. Morte le 29 août 1478.

PHILIPPE, né au château de Chinon le 4 février 1436. Mort le 2 juin suivant.

MARGUERITE, née en mai 1437. Morte à Tours le 24 juillet 1438.

MARIE, née le 7 septembre 1438. Morte à Tours le 14 février 1439.

JEANNE, sœur jumelle de la précédente. Morte à Tours le 26 novembre 1446.

MADELEINE, née à Tours le 1er décembre 1443. Mariée le 7 mars 1461 à Gaston de Foix, prince de Viane. Morte à Pampelune en 1486.

CHARLES, duc de Berri, de Normandie, puis de

Guyenne, né à Tours le 28 décembre 1446. Mort à Bordeaux le 12 mai 1472.

Enfants naturels[1] :

D'Agnès Sorel, morte le 9 février 1450 :

CHARLOTTE, née vers 1434. Mariée à Jacques de Brézé, grand sénéchal de Normandie. Tuée par son mari le 13 juin 1476.

MARIE, né en 1436. Reconnue en novembre 1458 par son père, qui lui donna le nom de Valois. Mariée en même temps à Olivier de Coëtivy, comte de Taillebourg, sénéchal de Guyenne et frère de l'amiral Prégent de Coëtivy. Morte vers 1473.

JEANNE, née au château de Beauté-sur-Marne en 1445. Mariée en 1461 à Antoine de Bueil, comte de Sancerre, amiral de France. Morte après 1467.

N. morte en 1450, à l'âge de six mois.

LOUIS XI
Dit *le Prudent.*

Fils de Charles VII et de Marie d'Anjou. Né à Bourges le 3 juillet 1423, vers trois heures de l'après-midi. Roi le 22 juillet 1461. Mort au Plessis-lès-Tours le 30 août 1483, vers neuf heures du soir.

Femmes :

MARGUERITE *d'Écosse*, fille de Jacques Ier, roi d'É-

----

[1] Voy. Vallet de Viriville, *Recherches historiques sur Agnès Sorel*, dans la *Bibliothèque de l'École des chartes*, année 1849, p. 477.

cosse. Mariée à Tours le 24 juin 1436. Dite *madame la Dauphine*. Morte à Châlons-su Marne le 16 août 1445.

CHARLOTTE *de Savoie*, fille de ouis, duc de Savoie. Mariée à Chambéry le 14 février 1451. Morte à Amboise le 1er décembre 1483.

Enfants :

Tous de Charlotte de Savoie :

LOUIS, né en 1458. Mort en bas âge.

JOACHIM, né à Namur le 27 juillet 1459. Mort en bas âge.

LOUISE, née à Geneppe, près de Bruxelles, en mai 1460. Morte en bas âge.

ANNE *de Beaujeu,* née vers 1462. Mariée en 1471 à Pierre de Bourbon, seigneur de Beaujeu. Morte le 4 novembre 1522.

JEANNE, duchesse de Berri, née en 1464. Mariée en 1476 au duc d'Orléans, devenu le roi LOUIS XII.

CHARLES VIII.

FRANÇOIS, duc de Berri, né à Amboise en septembre 1472. Mort en juillet 1473.

Enfants naturels :

De Phélise Regnard :

GUYETTE, mariée avant 1460 à Charles de Sillons.

De Marguerite de Sassenage, dame de Beaumont :

JEANNE, dame de Mirebeau. Légitimée le 25 février 1465 et mariée à Louis, bâtard de Bourbon, comte de Roussillon, devenu amiral de France. Morte en 1519.

MARIE, mariée en juin 1467 à Aymar de Poitiers, seigneur de Saint-Vallier. Morte l'année suivante.

De mère inconnue :

ISABEAU, mariée à Louis de Saint-Priest.

CHARLES VIII
Dit *l'Affable*.

Fils de Louis XI et de Charlotte de Savoie. Né au château d'Amboise le samedi 30 juin 1470[1], vers trois heures du matin. Roi le 30 août 1483, sous la régence de sa sœur Anne de Beaujeu. Mort à Amboise le 7 avril 1498.

Femme :

ANNE *de Bretagne,* fille et héritière de François II, duc de Bretagne. Née à Nantes le 26 janvier 1476. Mariée le 6 décembre 1491. Veuve le 7 avril 1498. Remariée le 8 janvier 1499 au roi LOUIS XII. Morte à Blois le 9 janvier 1514.

Enfants :

CHARLES-ORLAND, né au château de Montils-les-Tours le 8 septembre 1492. Mort le 6 décembre 1495.

CHARLES, né à Montils-les-Tours le 8 septembre 1496. Mort le 2 octobre de la même année.

FRANÇOIS, né et mort en 1497.

ANNE, morte jeune.

---

[1] « Le samedi, derrenier jour de juing 1470, environ deux et trois heures de matin, la royne acoucha au château d'Amboise d'un beau filz. » (Jean de Royes, *Chronique,* édit. Mandrot, p. 241.) — La légitimité de Charles VIII a été contestée, mais avec moins de raison que celle de Charles VII. Voy. A. F., *L'enfant,* t. I, p. 106.

Enfant naturel :

CAMILLE PALVOISIN, vivait à Venise en 1546.

III

BRANCHE DES VALOIS-ORLÉANS

Charles VIII ne laissait pas de fils. La couronne passa à la branche cadette des Valois, au duc d'Orléans, arrière-petit-fils de Charles V. Il était fils de Charles d'Orléans, qui lui-même avait eu pour père Louis, duc d'Orléans, deuxième fils de Charles V[1]. — La branche des *Valois-Orléans* commença et finit avec lui.

LOUIS XII

Dit *le Père du peuple.*

Fils de Charles, duc d'Orléans, et de Marie de Clèves. Né à Blois le 27 juin 1462, à cinq heures du matin. D'abord duc d'Orléans. Roi le 7 avril 1498. Mort au palais des Tournelles le 1er janvier 1515.

Femmes :

JEANNE *de France*[2], duchesse de Berri, fille de

---

[1] Voy. le tableau n° 2.

[2] Les *enfants de France* (fils, filles, petits-fils, petites-filles, neveux et nièces du roi) signaient seulement leur prénom, suivi des mots *de France.*

Louis XI et de Charlotte de Savoie. Née le 23 avril 1464. Mariée le 8 septembre 1476. Répudiée le 12 décembre 1498. Morte à Bourges le 4 février 1505.

Anne *de Bretagne*, veuve de Charles VIII. Mariée à Nantes le 8 janvier 1499. Morte à Blois le 9 janvier 1514.

Marie *d'Angleterre*, sœur du roi Henri VIII. Née en 1497. Mariée à Abbeville le 9 octobre 1514. Couronnée le 5 novembre. Veuve le 1er janvier 1515. Remariée à Paris avec le duc de Suffolk le 31 mars 1515. Morte à Londres le 23 juin 1534.

Enfants :

Tous d'Anne de Bretagne :

Claude. Mariée au duc de Valois devenu François Ier.

N., né vers 1500, mort en bas âge.

N., né le 20 janvier 1502, mort en bas âge.

Renée, duchesse de Chartres et de Montargis. Née à Blois le 25 octobre 1510. Mariée le 28 juin 1528 avec Hercule d'Este, duc de Ferrare. Morte à Montargis le 15 juin 1575.

N., né le 21 janvier 1512. Mort en bas âge.

Enfant naturel :

Michel de Bucy, archevêque de Bourges en 1506. Mort le 8 février 1511.

IV

BRANCHE DES VALOIS-ANGOULÊME

Louis XII ne laissait pas de fils. La couronne passa aux Valois-Angoulême avec François Ier, cousin de Louis XII, comme issu de Charles, comte d'Angoulême, arrière-petit-fils de Charles V[1].

FRANÇOIS Ier
Dit *le Père* et *le Restaurateur des lettres.*

Fils de Charles, comte d'Angoulême, arrière-petit-fils de Charles V, et de Louise de Savoie, fille de Philippe II, duc de Savoie. Né à Cognac le 12 septembre 1494[2]. D'abord comte d'Angoulême, puis duc de Valois. Roi le 1er janvier 1515. Mort à Rambouillet le 31 mars 1547.

Femmes :

CLAUDE, fille de Louis XII et d'Anne de Bretagne. Née à Romorantin le 14 octobre 1499. Mariée le 18 mai 1514. Morte à Blois le 20 juillet 1524.

---

[1] Voy. le tableau n° 2.

[2] « François, par la grâce de Dieu roi de France et mon César pacifique, print la première expérience de lumière mondaine à Congnac, environ dix heures après midi 1494, le douzième jour de septembre. » (*Journal* de Louise de Savoie, édit. Michaud, p. 87.)

ÉLÉONORE *d'Autriche,* sœur de l'empereur Charles-Quint, veuve d'Emmanuel, roi de Portugal. Mariée le 8 juillet 1530. Morte à Talavera, en Espagne, le 18 février 1558.

Enfants :

Tous de Claude :

LOUISE, née au château d'Amboise le 19 août 1515. Morte le 21 septembre 1517.

CHARLOTTE, née à Amboise le 23 octobre 1516. Morte à Blois le 8 septembre 1524.

FRANÇOIS, duc de Bretagne, né à Amboise le 28 février 1518. Mort au château de Tournon le 10 avril 1536.

HENRI II.

MADELEINE, née à Saint-Germain-en-Laye le 10 août 1520. Mariée le 1ᵉʳ janvier 1537 à Jacques V, roi d'Écosse. Morte à Édimbourg le 2 juillet 1537.

CHARLES, duc d'Orléans, de Bourbon, d'Angoulême, etc. Né à Saint-Germain-en-Laye le 22 janvier 1522. Mort près d'Abbeville le 9 septembre 1545.

MARGUERITE, duchesse de Berri. Née à Saint-Germain-en-Laye le 5 juin 1523. Mariée en avril 1559 à Emmanuel-Philibert, duc de Savoie. Morte à Turin le 14 septembre 1574.

Enfant naturel :

VILLEGOUVIN, mort à Constantinople.

HENRI II

Fils de François Ier et de Claude de France. Né à Saint-Germain-en-Laye le 31 mars 1519. D'abord duc d'Orléans. Roi le 31 mars 1547. Mort au château des Tournelles, à Paris, le 10 juillet 1559.

Femme :

CATHERINE *de Médicis,* fille de Laurent de Médicis, duc d'Urbin. Née à Florence le 13 avril 1519. Mariée le 28 octobre 1533. Morte à Blois le 5 janvier 1589.

Enfants :

FRANÇOIS II.

ÉLISABETH, née à Fontainebleau le 2 avril 1545. Mariée en 1559 à Philippe II, roi d'Espagne. Morte à Madrid le 3 octobre 1568.

CLAUDE, duchesse de Lorraine, née à Fontainebleau le 12 novembre 1547. Fiancée en 1558 à Charles II, duc de Lorraine. Morte à Nancy le 20 février 1575.

LOUIS, duc d'Orléans. Né à Saint-Germain-en-Laye le 3 février 1549. Mort à Mantes le 24 octobre 1550.

CHARLES IX.

HENRI III.

MARGUERITE, duchesse de Valois et reine de Navarre, femme de Henri de Navarre, devenu le roi HENRI IV.

HERCULE, dit FRANÇOIS, duc d'Alençon. Né le 18 mars 1554. Mort à Château-Thierry le 10 juin 1584.

JEANNE, née à Fontainebleau le 24 juin 1556. Morte en naissant.

VICTOIRE, sœur jumelle de la précédente. Morte à Amboise le 17 août 1556.

Enfants naturels :

De Flamin de Leviston, jeune Écossaise :

HENRI *d'Angoulême*, dit *le chevalier d'Angoulême*, grand prieur de France, abbé de la Chaise-Dieu. Mort à Aix-en-Provence le 2 juin 1586.

De Filippa Duc, jeune Piémontaise :

DIANE, duchesse de Châtellerault, d'Étampes et d'Angoulême. Née en 1538. Mariée le 13 février 1552 à Orazio Farnese, duc de Castro; puis, le 3 mai 1557, à François de Montmorency, maréchal de France. Morte à Paris le 11 janvier 1619.

De Nicole de Savigny, demoiselle de Saint-Remi :

HENRI *de Saint-Remi*, gentilhomme de la chambre de Henri III. Mort après 1577.

FRANÇOIS II

Fils de Henri II et de Catherine de Médicis. Né à Fontainebleau le 19 janvier 1544. Roi le 10 juillet 1559. Sacré le 18 septembre de la même année. Mort à Orléans le 5 décembre 1560.

Femme :

MARIE STUART, fille de Jacques V, roi d'Écosse, née à Linlithgow le 5 décembre 1542. Mariée le 24 avril 1558. Exécutée en Angleterre le 18 février 1587.

CHARLES IX

Maximilien[1]. Fils de Henri II et de Catherine de Médicis. Né à Saint-Germain-en-Laye le 27 juin 1550, vers cinq heures du matin. D'abord duc d'Angoulême, puis duc d'Orléans. Roi, sous la tutelle de sa mère, le 5 décembre 1560. Sacré le 15 mai 1561. Majeur en 1564. Mort à Vincennes le 30 mai 1574, vers trois heures après midi.

Femme :

ÉLISABETH *d'Autriche,* fille de l'empereur Maximilien II, née à Vienne le 5 juin 1554. Mariée le 26 novembre 1570. Couronnée à Saint-Denis le 25 mars 1571. Morte à Vienne le 22 janvier 1592.

Enfant :

MARIE-ÉLISABETH, née à Paris le 27 octobre 1572. Morte à Paris le 2 avril 1578.

Enfants naturels :

De Marie Touchet[2] :

N., mort en bas âge.

---

[1] Catherine de Médicis voulut que ses fils Charles IX et Henri III changeassent de nom en montant sur le trône. « Par telz changemens, écrit Brantôme, elle pensoit leur baptiser la fortune meilleure ou la vie plus longue. » (Tome V, p. 293.)

[2] Née à Orléans en 1549, elle épousa, le 20 octobre 1578, François de Balzac d'Entragues, dont elle eut deux filles. L'aînée, Henriette, fut maîtresse de Henri IV et devint duchesse de Verneuil ; Marie, la seconde, vécut pendant dix ans avec Bassompierre. — Marie Touchet mourut en 1638. Son contrat de mariage a été retrouvé aux Archives nationales et publié par M. Henri Stein.

CHARLES *de Valois,* comte d'Auvergne, de Clermont, de Ponthieu, d'Alais et de Lauraguais, puis duc d'Angoulême. Né le 28 avril 1573. Marié en 1591 à Charlotte de Montmorency, fille aînée du connétable. Mort à Paris le 24 septembre 1650.

HENRI III

Alexandre-Édouard [1]. Fils de Henri II et de Catherine de Médicis. Né à Fontainebleau le 19 septembre 1551, à minuit trois quarts. D'abord duc d'Anjou, puis duc d'Orléans. Couronné roi de Pologne le 15 février 1573. Roi de France le 30 mai 1574. Sacré le 13 février 1575. Assassiné à Saint-Cloud le 2 août 1589.

Femme :

LOUISE *de Lorraine,* fille de Nicolas de Lorraine, duc de Mercœur, comte de Vaudemont, et de Marguerite d'Egmont. Née à Nomény (Meurthe) le 30 avril 1553. Mariée à Reims le 15 février 1575. Morte à Moulins le 29 janvier 1601.

[1] Voy. la note 1 de la p. 47.

TABLEAU Nº 3. Voy. p. 4(

SUCCESSION AU TRONE
Branche des Bourbons.

HENRI IV

30. LOUIS XIII		Gaston d'Orléans

31. LOUIS XIV

Louis, dit Monseigneur

Louis, duc de Bourgogne

32. LOUIS XV

Louis, Dauphin

33. LOUIS XVI   37. LOUIS XVIII   38. CHARLES X

34. LOUIS XVII

Duc d'Angoulême   Duc de Berri

Duc de Bordeaux
(HENRI V)

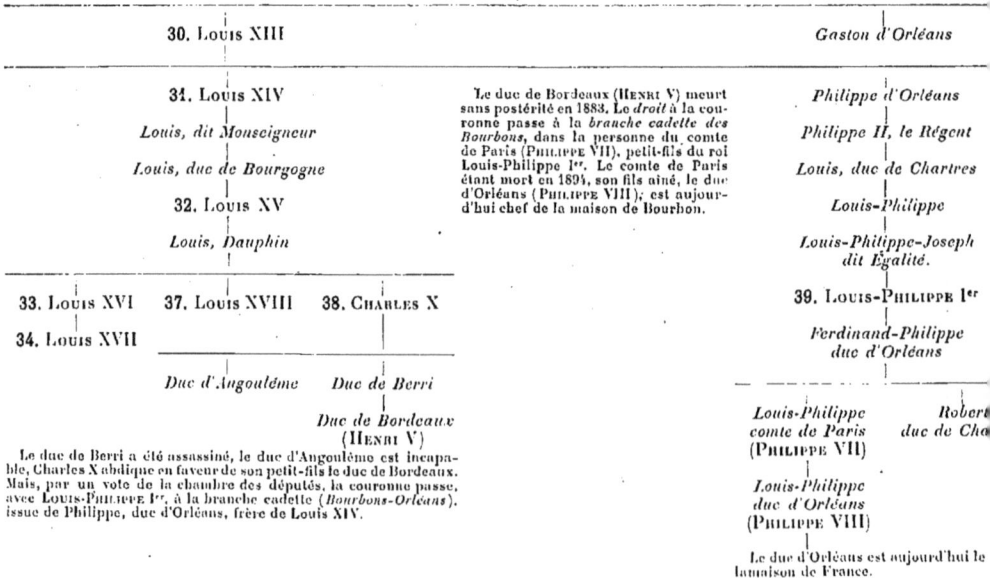

Le duc de Berri a été assassiné, le duc d'Angoulême est incapable, Charles X abdique en faveur de son petit-fils le duc de Bordeaux. Mais, par un vote de la chambre des députés, la couronne passe, avec LOUIS-PHILIPPE Iᵉʳ, à la branche cadette (Bourbons-Orléans), issue de Philippe, duc d'Orléans, frère de Louis XIV.

Le duc de Bordeaux (HENRI V) meurt sans postérité en 1883. Le droit à la couronne passe à la branche cadette des Bourbons, dans la personne du comte de Paris (PHILIPPE VII), petit-fils du roi Louis-Philippe Iᵉʳ. Le comte de Paris étant mort en 1894, son fils aîné, le duc d'Orléans (PHILIPPE VIII), est aujourd'hui chef de la maison de Bourbon.

Philippe d'Orléans

Philippe II, le Régent

Louis, duc de Chartres

Louis-Philippe

Louis-Philippe-Joseph
dit Égalité.

39. LOUIS-PHILIPPE Iᵉʳ

Ferdinand-Philippe
duc d'Orléans

Louis-Philippe   Robert
comte de Paris   duc de Cha
(PHILIPPE VII)

Louis-Philippe
duc d'Orléans
(PHILIPPE VIII)

Le duc d'Orléans est aujourd'hui le
la maison de France.

V

BRANCHE DES BOURBONS

Henri III ne laissait point de postérité. La couronne passa à la branche de Bourbon avec Henri IV, roi de Navarre. Expliquons clairement d'où il tenait ses droits sur le trône de France et sur celui de Navarre.

Henri II[1], roi de Navarre, avait épousé Marguerite d'Angoulême, sœur de François Ier. Elle lui avait donné une fille, Jeanne d'Albret.

Jeanne d'Albret épousa[2] Antoine de Bourbon, duc de Vendôme, descendant de saint Louis au neuvième degré, par Robert, comte de Clermont, sixième fils du saint roi et époux de Béatrix de Bourgogne, héritière de Bourbon.

De ce mariage naquit notre Henri IV[3].

A défaut d'héritier mâle dans la race des Valois, c'est à Antoine de Bourbon que devait échoir la couronne. Aussi, après la mort de François II, il disputa la régence à Catherine de Médicis et fut nommé lieutenant général du royaume. Il mourut en 1562, transmettant à son fils tous ses droits.

La loi salique n'existait pas en Navarre. Jeanne

[1] D'Albret.
[2] Le 20 octobre 1548.
[3] Henri avait eu un frère ainé, le comte de Beaumont, né le 21 septembre 1551, mort le 20 août 1553. Un second frère, le comte de Marle, naquit le 19 février 1555 et mourut après 1557.

d'Albret succéda donc à son père[1] et prit le nom de Jeanne III. Lorsqu'elle mourut, en 1555, son fils hérita de cette modeste couronne, et devint roi de Navarre sous le nom de Henri III[2].

[1] En 1555.

[2] Généalogie des souverains de Navarre, depuis Jeanne II (Voy. ci-dessus, p. 22) jusqu'à Henri IV :

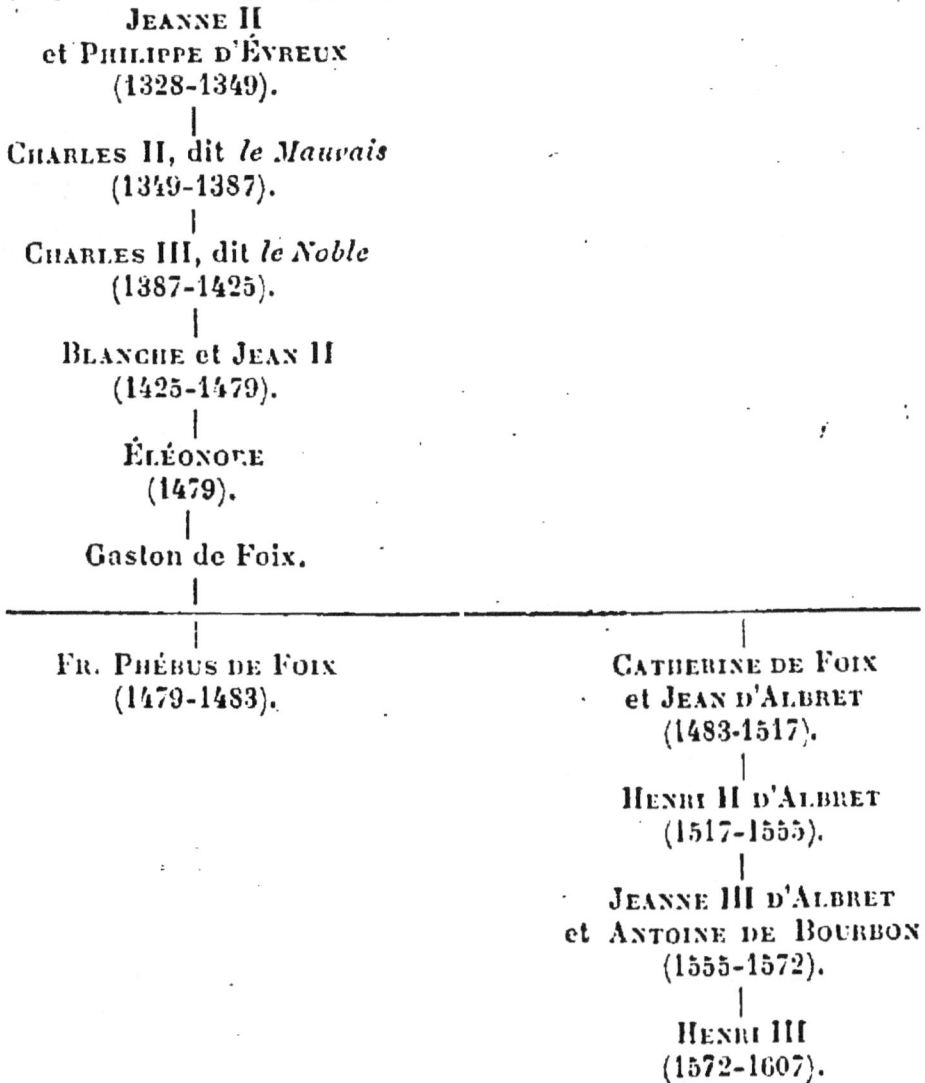

JEANNE II
et PHILIPPE D'ÉVREUX
(1328-1349).
|
CHARLES II, dit *le Mauvais*
(1349-1387).
|
CHARLES III, dit *le Noble*
(1387-1425).
|
BLANCHE et JEAN II
(1425-1479).
|
ÉLÉONORE
(1479).
|
Gaston de Foix.
|

FR. PHÉBUS DE FOIX (1479-1483).	CATHERINE DE FOIX et JEAN D'ALBRET (1483-1517).
	HENRI II D'ALBRET (1517-1555).
	JEANNE III D'ALBRET et ANTOINE DE BOURBON (1555-1572).
	HENRI III (1572-1607).

En 1607, Henri IV réunit la Navarre à la couronne de France.

HENRI IV
Dit *le Grand.*

Fils de Antoine de Bourbon, duc de Vendôme, et de Jeanne d'Albret, qui elle-même était fille de Henri II, roi de Navarre, et de Marguerite d'Angoulême, sœur de François Ier. Né à Pau, le 12, le 13 ou le 14 décembre 1553, entre une et deux heures du matin[1]. D'abord prince de Viane[2], de Beaumont et de Navarre. Roi de Navarre le 9 juin 1572, à la mort de Jeanne d'Albret. Roi de France le 2 août 1589, à la mort de Henri III, décédé sans postérité. Assassiné à Paris le vendredi 14 mai 1610.

Femmes :

MARGUERITE *de Valois,* fille de Henri II et de Catherine de Médicis. Née à Saint-Germain-en-Laye le 14 mai 1553. Mariée à Paris le 18 août 1572. Divorcée le 17 décembre 1599. Morte à Paris le 27 mars 1615.

MARIE *de Médicis,* fille de François de Médicis, grand-duc de Toscane, et de Jeanne d'Autriche. Née à Florence le 26 avril 1573. Mariée à Lyon le 17 décembre 1600. Morte à Cologne le 3 juillet 1642.

Enfants[3] :

Tous de Marie de Médicis :

LOUIS XIII.

[1] Voy. A. de Ruble, *Histoire universelle d'Agrippa d'Aubigné,* t. 1, p. 380. — Palma Cayet. *Chronologie novénaire,* édit. Michaud, p. 159. — Eug. Halphen, *Enquête sur le baptême de Henri IV,* p. VII.

[2] Titre que portaient les aînés de la maison de Navarre.

[3] J'adopte ici les dates données par Louise Bourgeois, accou-

ÉLISABETH, née à Fontainebleau le vendredi 22 novembre 1602, vers neuf heures du matin. Mariée à Philippe IV, roi d'Espagne. Morte à Madrid le 6 octobre 1644. Elle fut mère de Marie-Thérèse, femme de Louis XIV.

CHRISTINE, née au Louvre le vendredi 10 février 1606. Mariée à Victor-Amédée Ier, duc de Savoie. Morte à Turin le 27 décembre 1663.

NICOLAS, duc d'Orléans. Né à Fontainebleau le lundi 16 avril 1607. Mort à Saint-Germain-en-Laye le 17 novembre 1611.

GASTON (Jean-Baptiste), duc d'Orléans. Né à Fontainebleau le vendredi 7 avril 1608, mort à Blois le 2 février 1660. — De sa première femme, MARIE de Bourbon, duchesse de Montpensier, il eut Anne-Marie-Louise d'Orléans, duchesse de Montpensier, connue sous le nom de *Mademoiselle,* puis de *la grande Mademoiselle*. Sa seconde femme, MARGUERITE *de Lorraine,* dite *Madame,* lui donna un fils mort à deux ans, et quatre filles, dites : M*lle* d'Orléans, M*lle* d'Alençon, M*lle* de Valois et M*lle* de Chartres.

HENRIETTE-MARIE, née au Louvre le jeudi 26 novembre 1609. Mariée en mai 1625 à Charles Ier, roi d'Angleterre. Morte à Colombes, près de Paris, le 10 septembre 1669.

Enfants naturels :

De Gabrielle d'Estrées, duchesse de Beaufort. Née vers 1571. Morte en avril 1599 :

---

cheuse de la reine. Voy. ses *Observations sur la stérilité,* 2e partie, p. 196. — Voy. aussi le *Journal* tenu par Héroard.

BRANCHE DES BOURBONS

CATHERINE-HENRIETTE, légitimée en 1597. Mari[e]
Charles de Lorraine, duc d'Elbeuf. Morte à Pari[s]
20 juin 1663.

CÉSAR, duc de Vendôme. Né au château de Couci[en]
Picardie, le 3 juin 1594. Légitimé en 1595. Mort à P[aris]
le 22 octobre 1665. — Parmi ses enfants figure le [duc]
de Beaufort, dit *le roi des Halles*, mort en 1669.

ALEXANDRE, dit *le chevalier de Vendôme*. Né en a[oût]
1598. Légitimé en 1599. Grand prieur de Malte. Mo[rt à]
Vincennes le 8 février 1629.

De Catherine-Henriette de Balzac d'Entragues, duchesse de [Ver]
neuil, morte en 1633 :

GASTON-HENRI, duc de Verneuil. Né à Paris en o[cto]
bre 1601. Légitimé en 1603. Évêque de Metz, abb[é de]
Saint-Germain des Prés. Mort au château de Vern[euil]
le 28 mai 1682.

GABRIELLE-ANGÉLIQUE, née en 1602. Légitimée [en]
1603. Mariée en 1622 au duc d'Épernon. Morte à M[etz]
le 24 mars 1627.

De Jacqueline de Bueil, comtesse de Moret :

ANTOINE DE BOURBON, comte de Moret. Né à Fon[tai]
nebleau en 1607. Légitimé en 1608. Mort après 1631.

De Charlotte des Essarts, comtesse de Romorantin, m[orte]
en 1651 :

JEANNE-BAPTISTE, légitimée en 1608. Religieus[e à]
Chelles, abbesse de Fontevrault. Morte le 16 juillet 16[70.]

MARIE-HENRIETTE, abbesse de Chelles. Morte le 10 [fé]
vrier 1629.

LOUIS XIII
Dit *le Juste.*

Fils de Henri IV et de Marie de Médicis. Né à Fontainebleau le 27 septembre 1601, vers onze heures du soir[1]. Roi le 14 mai 1610, sous la tutelle de sa mère. Sacré le 17 octobre 1610. Déclaré majeur le 2 octobre 1614. Mort à Saint-Germain-en-Laye le 14 mai 1643.

Femme :

ANNE *d'Autriche,* fille aînée de Philippe III, roi d'Espagne, et de Marguerite d'Autriche. Née le 22 septembre 1601. Mariée le 24 novembre 1615. Régente le 18 mai 1643. Morte au Louvre le 20 janvier 1666.

Enfants :

LOUIS XIV.

PHILIPPE, né à Saint-Germain-en-Laye le 21 septembre 1640, duc d'Anjou, d'Orléans, de Valois, de Chartres, de Nemours et de Montpensier. Mort à Saint-Cloud le 9 juin 1701. — De sa première femme, HENRIETTE *d'Angleterre*[2], dite *Madame,* morte à Saint-Cloud le 29 juin 1670, il eut deux fils et deux filles, dont Marie-

---

[1] Saint-Simon écrit : « Le jeudi 17 septembre 1601. » (*Additions au Journal de Dangeau,* t. II, p. 260.) J'adopte l'opinion du médecin Héroard, témoin oculaire. Louis XIII, écrit-il, naquit le 27 septembre, « à dix heures et demie et demi-quart, selon ma montre. » (*Journal,* t. I, p. 2.) — Sur la légitimité de Louis XIII, voy. A. F., *L'enfant,* t. I, p. 116.

[2] Fille de Charles Ier, roi d'Angleterre, et d'Henriette-Marie, fille de Henri IV.

Louise, dite *Mlle d'Orléans*, mariée à Charles II, ro
d'Espagne, et Anne-Marie, dite *Mlle de Valois*, mariée à
Victor-Amédée II, duc de Savoie. — De sa seconde
femme CHARLOTTE-ÉLISABETH *de Bavière*, dite *la princesse Palatine* et *Madame*, il eut deux fils et une fille
dont : Élisabeth-Charlotte, dite *Mlle de Chartres*, mariée
au duc Charles de Lorraine, et Philippe, duc de Chartres et d'Orléans, *régent* de France sous la minorité de
Louis XV, né à Saint-Cloud le 2 août 1674, mort à Versailles le 2 décembre 1723. — Philippe d'Orléans, frère
de Louis XIV, est la tige de la maison d'Orléans, par-
venue au trône avec le roi Louis-Philippe en 1830[1].

LOUIS XIV

Dit *Dieudonné* et *le Grand*.

Fils de Louis XIII et d'Anne d'Autriche. Né à Saint-
Germain-en-Laye le 5 septembre[2] 1638[3], à onze heures
vingt-deux minutes du matin. Roi le 14 mai 1643, sous
la tutelle de sa mère. Déclaré majeur le 8 septembre
1651. Sacré le 7 juin 1654. Mort à Versailles le 1er septembre 1715.

[1] Voy. le tableau n° 3.
[2] Quelques auteurs font naître Louis XIV le 16 septembre. Mais
la nouvelle de cette naissance était connue de Grotius dès le
11. Dans une lettre datée de ce jour, il écrit que le nouveau-né
était « puer pulcher et vegetus ». Voy. H. Grotius, *Epistolæ*, édit.
de 1687, p. 462.
[3] Jour anniversaire de la naissance de Richelieu.

Femmes :

MARIE-THÉRÈSE *d'Autriche,* fille de Philippe IV, roi d'Espagne, et d'Élisabeth de France[1]. Née à l'Escurial le 10 septembre 1638. Mariée en 1660[2]. Morte à Versailles le 30 juillet 1683.

FRANÇOISE D'AUBIGNÉ, née à Niort le 28 novembre 1635. Mariée en mai 1652 à Paul Scarron. Veuve en octobre 1660. Marquise de Maintenon en 1674. Épousée secrètement par Louis XIV dans les premiers mois de 1684[3]. Morte à Saint-Cyr le 15 avril 1719.

Enfants :

Tous de Marie-Thérèse :

LOUIS, dit *Monseigneur* ou *le Grand Dauphin,* né à Fontainebleau le 1er novembre 1661, mort à Meudon le 14 avril 1711. — De sa première femme, Marie-Christine de Bavière, il eut trois fils : LOUIS, *duc de Bourgogne,* qui fut père de Louis XV[4] ; PHILIPPE, *duc d'Anjou,*

---

[1] Fille de Henri IV.

[2] Le mariage fut conclu par les plénipotentiaires le 7 novembre 1659. Ratifié par Louis XIV à Toulouse le 24 novembre, et par Philippe IV à Madrid le 1er décembre. Célébré, par procuration, à Fontarabie le 4 juin 1660; en personnes à Bayonne le 9 juin. (Voy. Mignet, *Négociations,* etc., t. I.)

[3] Voy. A. Geffroy, *Mme de Maintenon et sa correspondance authentique,* t. I, p. 154.

[4] Le DUC DE BOURGOGNE, né le 6 août 1682, mourut le 18 février 1712. — Il avait épousé **Marie-Adélaïde de Savoie,** fille de Victor-Amédée III, duc de Savoie. Elle était née le 6 décembre 1685 et elle mourut le 12 février 1712. — De ce mariage naquirent trois enfants : I. LOUIS, duc de Bretagne, né le 25 juin 1704, mort le 13 avril 1705. — II. LOUIS, duc de Bretagne, né le 8 janvier 1707, mort le 8 mars 1712. — III. LOUIS XV.

devenu roi d'Espagne sous le nom de Philippe V, mort
en 1746; CHARLES, *duc de Berri,* mort en 1714. —
Vers 1694, MONSEIGNEUR épousa secrètement Marie-
Émilie Joly DE CHOIN, morte en 1744.

ANNE-ÉLISABETH, née au Louvre le 18 novembre 1662.
Morte le 30 décembre suivant.

MARIE-ANNE, née au Louvre le 16 novembre 1664.
Morte le 26 décembre suivant.

MARIE-THÉRÈSE, née à Saint-Germain-en-Laye le
2 janvier 1667. Morte le 1er mars 1672.

PHILIPPE, duc d'Anjou, né à Saint-Germain-en-Laye
le 5 août 1668. Mort le 10 juillet 1671.

LOUIS-FRANÇOIS, duc d'Anjou, né à Saint-Germain-
en-Laye le 14 juin 1672. Mort le 4 novembre suivant.

Enfants naturels :
De la duchesse de La Vallière, morte en 1710 :

N., né en 1662, mort jeune.

Louis *de Bourbon,* né à Paris le 27 décembre 1663.
Mort le 15 juillet 1666.

MARIE-ANNE *de Bourbon,* dite *Mlle de Blois,* née à
Vincennes le 17 octobre 1666. Légitimée en 1667. Mariée
en 1680 à Louis-Armand de Bourbon, *prince de Conti.*
Morte en 1739.

Louis *de Bourbon,* comte de Vermandois. Né à Saint-
Germain-en-Laye le 2 octobre 1667. Légitimé en 1669.
Amiral de France. Mort en 1683.

De la marquise de Montespan, morte en 1707 :

N., mort jeune.

LOUIS-AUGUSTE *de Bourbon,* duc du Maine. Né le

21 mars 1670. Légitimé en 1673. Marié en 1692 à Anne-Louise de Bourbon. Mort à Sceaux le 14 mai 1736.

Louis-César *de Bourbon,* comte de Vexin. Né à Paris le 20 juin 1672. Légitimé en 1673. Abbé de Saint-Denis, puis de Saint-Germain des Prés à Paris. Mort le 10 janvier 1683.

Louise-Françoise *de Bourbon,* dite *Mlle de Nantes.* Née et légitimée en 1673. Mariée à Louis III, duc de Bourbon. Morte le 16 juin 1743.

Louise-Marie *de Bourbon,* dite *Mlle de Tours.* Née et légitimée en janvier 1676. Morte le 15 septembre 1681.

Françoise-Marie *de Bourbon,* dite *Mlle de Blois.* Née le 4 mai 1677. Légitimée en 1681. Mariée en 1692 à Philippe, duc d'Orléans [1], devenu *régent* sous Louis XV. Morte en 1749.

Louis-Alexandre *de Bourbon,* comte de Toulouse;

---

[1] Elle lui donna huit enfants, savoir : I. N., dite *Mademoiselle de Valois,* morte à dix mois. — II. Marie-Louise-Élisabeth, *duchesse de Berri,* dite *Mademoiselle,* morte en 1719. — III. Louise-Adélaïde, abbesse de Chelles, morte en 1743. — IV. Charlotte-Aglaé, dite *Mademoiselle de Valois,* morte en 1761. — V. Louis, duc de Chartres, mort à l'abbaye de Sainte-Geneviève en 1752. — VI. Louise-Élisabeth, dite *Mademoiselle de Montpensier,* morte en 1742. — VII. Philippe-Élisabeth, dite *Mademoiselle de Beaujolais,* morte en 1734. — VIII. Louise-Diane, dite *Mademoiselle de Chartres,* morte en 1736.

Le Régent eut, en outre, de M.-L.-M.-V. Le Bel de la Boissière de Séry, comtesse d'Argenton, quatre enfants naturels : I. Charles de Saint-Albin, légitimé en 1722, mort archevêque de Cambrai en 1764. — II. N., dite *Mademoiselle de Rouvroi,* morte en ? — III. Jean-Philippe, dit *le Chevalier d'Orléans,* mort en 1748. — IV. Angélique de Froissy, morte en ?

Né le 6 juin 1678. Légitimé en 1681. Amiral de France. Marié en 1723 à Marie-Victoire-Sophie de Noailles, qui lui donna le duc de Penthièvre. Mort à Rambouillet le 1er décembre 1737.

De la duchesse de Fontanges, morte en 1681 :

N., mort en ?

LOUIS XV
Dit *le Bien-aimé*.

Arrière-petit-fils de Louis XIV. Troisième fils de Louis, duc de Bourgogne[1], et de Marie-Adélaïde de Savoie. Né à Versailles le 15 février 1710, à huit heures trois minutes trois secondes du matin[2]. D'abord duc d'Anjou. Roi le 1er septembre 1715. Sacré le 25 octobre 1722. Déclaré majeur le 16 février 1723. Mort à Versailles le 10 mai 1774.

Femme :

Catherine-Félicité-MARIE LESZCINSKA, fille de Stanislas Leszcinski, roi de Pologne, et de Catherine Opalinska. Née le 23 juin 1703. Mariée le 5 septembre 1725. Morte à Versailles le 24 juin 1768.

Enfants :

MARIE-LOUISE-ÉLISABETH, née le 14 août 1727. Mariée à Philippe de Bourbon, fils de Philippe V, roi d'Espagne. Morte à Versailles le 6 décembre 1759.

---

1 Fils lui-même de Louis, dit *Monseigneur*, fils de Louis XIV. Voy. le tableau n° 3.

2 Dangeau, *Journal*, 15 février 1710, t. XIII, p. 102.

ANNE-HENRIETTE, née le 14 août 1727. Morte le 10 février 1752.

LOUISE-MARIE, née le 28 juillet 1728. Morte le 19 février 1733.

LOUIS. Né à Versailles le 4 septembre 1729. Mort à Fontainebleau le 20 décembre 1765. — Marié le 23 février 1745 à Marie-Thérèse, fille de Philippe V, roi d'Espagne, il en eut une fille, Marie-Thérèse, dite *Madame,* née le 19 juillet 1746, morte le 27 avril 1748. — Sa seconde femme, Marie-Josèphe de Saxe, fille de Frédéric-Auguste III, électeur de Saxe, à qui il s'unit le 9 février 1747[1], lui donna huit enfants : — I. Marie-Zéphyrine, née le 26 août 1750, morte le 2 septembre 1755. — II. Louis-Joseph-Xavier, *duc de Bourgogne,* né le 13 septembre 1751, mort le 22 mars 1761. — III. Marie-Xavier-Joseph, *duc d'Aquitaine,* né le 8 septembre 1753, mort le 22 février 1754. — IV. Louis-Auguste, *duc de Berri,* né à Versailles le 23 août 1754, roi sous le nom de LOUIS XVI, guillotiné le 21 janvier 1793. — V. Louis-Stanislas-Xavier, *comte de Provence,* né à Versailles le 17 novembre 1755, roi sous le nom de LOUIS XVIII, mort le 16 septembre 1824. — VI. Charles-Philippe, *comte d'Artois,* né à Versailles le 9 octobre 1757, roi sous le nom de CHARLES X, mort le 6 novembre 1836. — VII. Marie-Adélaïde-Clotilde-Xavière, princesse de Piémont, puis reine de Sardaigne, née le 21 septembre 1759, morte le 7 mars 1802. — VIII. Élisabeth-Philippine-

[1] Morte en 1767.

Marie-Hélène-Thérèse, dite *Madame Élisabeth,* née le 3 mai 1764, guillotinée le 10 mai 1794.

Philippe, *duc d'Anjou,* né le 30 août 1730. Mort en avril 1733.

Marie-Adélaïde, née à Versailles le 3 mai 1732. Morte à Trieste en 1800.

Victoire-Louise-Marie-Thérèse, née à Versailles le 11 mai 1733. Morte à Trieste le 7 juin 1799.

Sophie-Philippine-Élisabeth-Justine, née le 27 juillet 1734. Morte le 3 mai 1782.

Thérèse-Félicité, née le 16 mai 1736. Morte en 1744.

Louise-Marie, née le 5 juillet 1737. Morte au couvent des Carmélites de Saint-Denis le 23 décembre 1787.

LOUIS XVI
Dit *le Roi martyr.*

Louis-Auguste, fils du Dauphin Louis, fils de Louis XV, et de Marie-Josèphe de Saxe. Né à Versailles le vendredi 23 août 1754[1]. D'abord duc de Berri. Roi le 10 mai 1774. Sacré le 11 juin 1775. Détrôné le 21 septembre 1792. Guillotiné à Paris le 21 janvier 1793.

Femme :

Marie-Antoinette-Josèphe-Jeanne, fille de Fran-

---

[1] A six heures vingt-quatre minutes du matin, dit le *Mercure de France* (n° d'octobre 1754, p. 203). Le duc de Luynes écrit dans son *Journal* : « Un peu avant six heures du matin » (tome XIII. p. 316).

4

çois Ier, empereur d'Autriche, et de Marie-Thérèse, reine de Hongrie et de Bohême. Née à Vienne le 2 novembre 1755. Mariée à Versailles le 16 mai 1770. Guillotinée à Paris le 16 octobre 1793.

Enfants :

MARIE-THÉRÈSE-Charlotte, dite *Madame royale*, née à Versailles le 19 décembre 1778. Mariée le 10 juin 1799 à son cousin Louis-Antoine de Bourbon, duc d'Angoulême[1]. Morte à Frohsdorf le 19 octobre 1851.

Louis-Joseph-Xavier-François, né à Versailles le 22 octobre 1781. Mort à Meudon le 4 juin 1789.

LOUIS XVII.

Marie-Sophie-Hélène-Béatrix, née à Versailles le 29 juillet 1786. Morte à Versailles le 19 juin 1787.

LOUIS XVII

Louis-Charles. Fils de Louis XVI et de Marie-Antoinette. Né à Versailles le 27 mars 1785, à sept heures du soir. D'abord duc de Normandie. Dauphin le 4 juin 1789. Roi, suivant la tradition monarchique, le 21 janvier 1793. Mort au Temple, à Paris, le 8 juin 1795.

[1] Fils du comte d'Artois, qui était lui-même frère de Louis XVI, et qui devint roi sous le nom de Charles X.

VI

PREMIÈRE RÉPUBLIQUE

Du 21 septembre 1792 au 18 mai 1804.

I. — CONVENTION

Du 20 septembre 1792 au 26 octobre 1795.

Le 21 septembre 1792, la Convention déclare la royauté abolie et proclame la république.

Le 1er avril 1794, la Convention supprime tous les ministères et les remplace par des commissions, dont les membres, choisis dans son sein, prennent le nom de commissaires. Il y eut des commissaires de la guerre, de la marine, des relations extérieures, de l'instruction publique, etc. La Convention se trouva donc investie d'un pouvoir absolu, et ses présidents peuvent dès lors être regardés comme la plus haute expression de l'autorité durant cette période.

En fait, la politique intérieure et extérieure fut surtout dirigée par les comités de *défense nationale,* de *sûreté générale* et de *salut public,* composés de membres pris parmi les personnalités les plus influentes de l'assemblée.

PRÉSIDENTS DE LA CONVENTION

Le président de la Convention était élu pour quinze jours, et rééligible après une quinzaine seulement.

Année 1792.

20 septembre. P.-J. Ruhl, doyen d'âge. Suicidé en 1795.

— Jér. Péthion, président élu. Suicidé en 1793.

4 octobre. J.-P. de Lacroix. Guillotiné en 1794.

18 — M.-E. Guadet. Guillotiné en 1794.

1er novembre. Hérault de Séchelles. Guillotiné en 1794.

15 — H. Grégoire. Mort en 1831.

29 — Barère de Vieuzac. Mort en 1841.

13 décembre. Jos. Defermon. Mort en 1831.

27 — J.-B. Treilhard. Mort en 1810.

Année 1793.

10 janvier. P.-V. Vergniaud. Guillotiné en 1793.

24 — Rabaut Saint-Étienne. Guillotiné en 1793.

7 février. J.-J. Bréard. Mort en 1840.

21 — Dubois de Crancé. Mort en 1814.

7 mars. A. Gensonné. Guillotiné en 1793.

21 — J.-A. Debry. Mort en 1834.

4 avril. J.-F.-B. Delmas. Mort en 1799.

18 — M.-D.-A. Lasource. Guillotiné en 1793.

2 mai. Boyer-Fonfrède. Guillotiné en 1793.

17 — Max. Isnard. Mort en 1830.

30 — Mallarmé. Mort en 1835.

13 juin. Collot-d'Herbois. Mort à la Guyane en 1796.

27 juin.	THURIOT. Mort après 1816.
11 juillet.	JEAN BON SAINT-ANDRÉ. Mort en 1813.
25 —	DANTON. Guillotiné en 1794.
8 août.	HÉRAULT DE SÉCHELLES.
22 —	ROBESPIERRE. Guillotiné en 1794.
7 septembre.	BILLAUD-VARENNES. Mort à Haïti en 1819.
19 —	J. CAMBON. Mort en 1820.
3 octobre.	CH. CHARLIER. Suicidé en 1797.
22 —	MOÏSE BAYLE. Mort en 1815.
6 novembre.	P.-A. LALOY. Mort en 1846.
21 —	G. ROMME. Suicidé en 1795.
6 décembre.	H. VOULLAND. Mort en 1802.
21 —	A. COUTHON. Guillotiné en 1794.

Année 1794.

5 janvier.	J.-L. DAVID. Mort en 1825.
20 —	M.-G.-A. VADIER. Mort en 1828.
4 février.	B. DU BARRAN. Mort en 1816.
19 —	SAINT-JUST. Guillotiné en 1794.
6 mars.	P.-J. RUHL.
21 —	J.-L. TALLIEN. Mort en 1820.
5 avril.	J.-P. AMAR. Mort en 1816.
20 —	ROBERT LINDET. Mort en 1825.
5 mai.	LAZARE CARNOT. Mort en 1823.
20 —	PRIEUR, dit *de la Côte-d'Or*. Mort en 1832.
4 juin.	ROBESPIERRE.
19 —	ÉLIE LACOSTE. Mort en 1830.
4 juillet.	LOUIS, dit *du Bas-Rhin*. Mort en 1796.

19 juillet.	COLLOT-D'HERBOIS.
3 août.	MERLIN, dit *de Douai*. Mort en 1838.
18 —	MERLIN, dit *de Thionville*. Mort en 1842.
2 septembre.	BERNARD, dit *de Saintes*. Mort en 1818.
22 —	ANDRÉ DUMONT. Mort en 1836.
7 octobre.	CAMBACÉRÈS. Mort en 1824.
22 —	PRIEUR, dit *de la Marne*. Mort en 1827.
6 novembre.	L. LEGENDRE. Mort en 1797.
24 —	J.-B. CLAUSEL. Mort en 1804.
6 décembre.	J.-B. REWBELL. Mort en 1816.
21 —	P. BENTABOLLE. Mort en 1798.

Année 1795.

5 janvier.	H. LETOURNEUR. Mort en 1817.
20 —	J.-S. ROVÈRE. Mort à la Guyane en 1798.
4 février.	BARRAS. Mort en 1829.
19 —	BOURDON, dit *de l'Oise*. Mort à la Guyane en 1797.
6 mars.	THIBAUDEAU. Mort en 1813.
24 —	PELET, dit *de la Lozère*. Mort en 1842.
5 avril.	BOISSY-D'ANGLAS. Mort en 1826.
20 —	E.-J. SIEYÈS. Mort en 1836.
5 mai.	TH. VERNIER. Mort en 1818.
25 —	MATHIEU-MIRAMPAL. Mort en 1833.
4 juin.	J.-D. LANJUINAIS. Mort en 1827.
19 —	LAREVELLIÈRE-LÉPAUX [1]. Mort en 1824.
3 août.	DAUNOU. Mort en 1840.
19 —	H. LARIVIÈRE. Mort en 1838.

[1] Sur les différentes orthographes de ce nom, voy. une monographie publiée par M. E. Charavay, p. 7.

2 septembre. Th. Berlier. Mort vers 1840.

22 — Baudin, dit *des Ardennes*. Mort en 1799

7 octobre. Genissieux. Mort en 1804.

Dernière séance de la Convention : 26 octobre 179?
(4 brumaire an IV).

II. — DIRECTOIRE
Du 27 octobre 1795 au 10 novembre 1799.

Issu de la *constitution* dite *de l'an III,* proclamée lo
fondamentale de la république en vertu de l'acceptatior
du peuple, le 20 septembre 1795.

Le pouvoir législatif était confié à deux conseils élus

1° Le *Conseil des Cinq-cents,* composé de cinq cents
membres, âgés de trente ans au moins, élus au second
degré par les assemblées électorales[1]. Le conseil es
renouvelable tous les ans par tiers[2]. Il est chargé de
proposer les lois[3].

2° Le *Conseil des Anciens,* composé de deux cent cinquante membres âgés de quarante ans au moins, mariés
ou veufs[4], élus dans les mêmes conditions que les mem
bres du conseil des Cinq-cents. Le conseil des Anciens
est chargé « d'approuver ou de rejeter » les décisions
du conseil des Cinq-cents[5].

Le pouvoir exécutif est délégué à cinq *Directeurs*
nommés par le corps législatif[6] et renouvelés par cin
quième[7].

« Nul ne peut être empêché d'exercer le culte qu'il

[1]Articles 33 et suiv. — [2]Article 53. — [3]Article 76. — [4]Articl
83. — [5]Article 86. — [6]Article 132. — [7]Article 137.

choisi. Nul ne peut être forcé de contribuer aux dépenses d'un culte. La république n'en salarie aucun[1]. »

Les *Anciens* siégèrent aux Tuileries, dans la salle que la Convention venait de quitter. Les *Cinq-Cents* occupèrent la salle dite *du Manège,* située sur l'emplacement de la rue de Rivoli actuelle, à la hauteur de la rue Castiglione [2]. Le *Directoire* s'installa au Luxembourg.

Premiers directeurs[3] :

REWBELL. Affaires étrangères.

LAREVELLIÈRE-LÉPAUX. Intérieur et justice.

LETOURNEUR. Marine.

L. CARNOT. Guerre.

BARRAS. Police.

Successivement remplacés par :

F. BARTHÉLEMY.

SIEYÈS.

ROGER-DUCOS.

J.-F.-A. MOULINS.

MERLIN, dit *de Douai.*

FRANÇOIS, dit *de Neufchâteau.*

TREILHARD.

GOHIER.

Dernière séance du Directoire : 18 brumaire an VII! (9 novembre 1799).

---

[1] Article 354.

[2] Avant la fin de l'année, le conseil quitta cette salle incommode et se transporta au Palais-Bourbon, devenu propriété nationale, et où siège aujourd'hui la Chambre des députés.

[3] Choisis par les *Anciens* sur une liste de cinquante candidats dressée par les *Cinq-Cents.*

III. — CONSULAT

Du 10 novembre 1799 au 18 mai 1804.

Issu de la journée du 18 brumaire an VIII (9 novembre 1799), où Bonaparte renversa le Directoire. Un décret rendu le 10 novembre, par la minorité des *Cinq-Cents* et la majorité des *Anciens,* institua trois consuls provisoires:

Sieyès.

Roger-Ducos.

Bonaparte.

La *constitution* dite *de l'an VIII,* promulguée le 24 décembre 1799, partagea le pouvoir législatif entre un Conseil d'État, un Tribunat, un Corps législatif et un Sénat conservateur.

Le *Conseil d'État* préparait les lois.

Le *Tribunat,* composé de cent membres, âgés de vingt-cinq ans au moins et renouvelables tous les ans par cinquième[1], discutait les projets de loi proposés par le conseil d'État, décidait s'il les soutiendrait ou les combattrait devant le corps législatif[2].

Le *Corps législatif,* composé de trois cents membres, âgés de trente ans au moins et renouvelés tous les ans par cinquième[3], était une sorte de tribunal qui, après avoir entendu les conseillers d'État et les tribuns, votait « au scrutin secret et sans aucune discussion » le rejet ou l'acceptation de la loi[4].

Le *Sénat conservateur,* composé de quatre-vingts mem-

[1] Article 27. — [2] Article 28. — [3] Article 31. — [4] Article 34.

bres, âgés de quarante ans au moins, inamovibles et nommés à vie, repoussait toute loi qui lui paraissait contraire à la constitution. Il élisait le corps législatif, les tribuns, les consuls et les juges de cassation sur des listes dressées d'après le suffrage des électeurs[1]. Les sénateurs ne pouvaient remplir aucune autre fonction publique[2].

Tout Français âgé de vingt et un ans était électeur[3], mais les élections avaient lieu au quatrième degré, y compris le choix fait par le sénat.

Le *pouvoir exécutif* appartenait à trois CONSULS nommés *pour dix ans* et indéfiniment rééligibles[4]. Savoir :

1er consul,   BONAPARTE.
2e   —   CAMBACÉRÈS.
3e   —   LEBRUN.

La constitution de l'an VIII, soumise à la sanction du peuple, fut acceptée par 3,011,107 suffrages contre 1,567.

Le plébiscite du 2 août 1802 nomma Bonaparte CONSUL A VIE, titre qu'il échangea, le 18 mai 1804, contre celui d'EMPEREUR.

[1] Article 20. — [2] Article 18. —   Article 2. — [4] Article 39.

35. **NAPOLÉON I**er empereur | François-Charles, roi de Rome **(36. NAPOLÉON II)**	JOSEPH roi de Naples et roi d'Espagne	LUCIEN prince de Canino	ÉLISA mariée au comte Baciocchi

Le droit de succession au trône impérial avait é
par celle du 5 frimaire an XIII. A défaut de desce
buaient l'hérédité aux fils de Joseph et à ceux de
Le roi de Rome (duc de Reichstadt et NAPOLÉO.
Joseph n'ayant eu que des filles, le droit à la cou
LÉON III), fils de Louis.
Le fils de Napoléon III étant mort en 1879 sans
nienne est aujourd'hui le prince Victor Napoléon,

ON AU TRONE

Napoléons.

———

es Bonaparte.

LOUIS	PAULINE	CAROLINE	JÉROME
roi de Hollande	mariée au	mariée à	roi de Westphalie
O. NAPOLÉON III	général Leclerc,	Joachim	Joseph-Charles
Louis-Eugène	puis au	Murat, roi	dit *prince Jérôme*
(prince impérial)	prince Borghèse	de Naples	
	duc de		
	Guastalla		

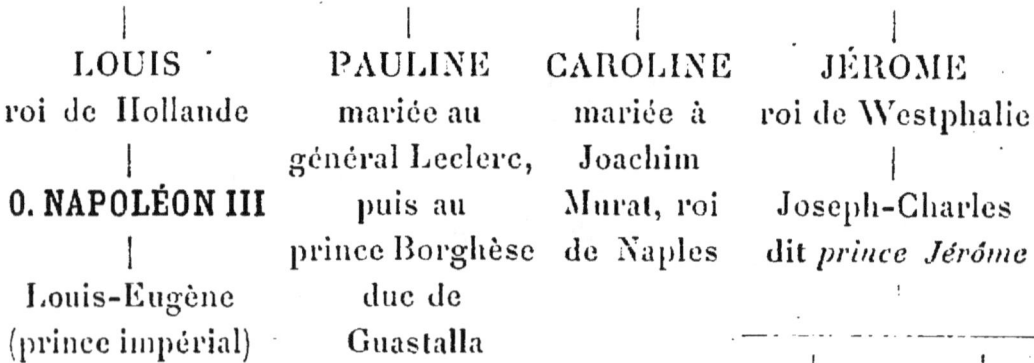

Victor	Louis
Napoléon	Napoléon

é réglé par la loi du 28 floréal an XII et
idants directs de l'empereur, elles attri-
.ouis, à l'exclusion de ceux de Lucien.
· II) étant mort en 1832 sans postérité, et
ronne revenait à Louis-Napoléon (Napo-

postérité, le chef de la dynastie napoléo-
petit-fils de Jérôme.

Le prince Victor es
aujourd'hui le chef de la
dynastie Napoléonienne

VII

PREMIER EMPIRE
Du 18 mai 1804 au 3 avril 1814.

NAPOLÉON Ier
Dit *le Grand*.

Fils de Charles-Marie Bonaparte et de Marie-Lœtizia Ramolino. Né à Corte le 7 janvier 1768. Consul provisoire le 10 novembre 1799. Premier consul le 24 décembre 1799. Consul à vie le 2 août 1802. Empereur[1] le 18 mai 1804. Sacré le 2 décembre 1804. Abdique le 11 avril 1814. Reprend le pouvoir le 20 mars 1815. Abdique de nouveau le 22 juin 1815. Meurt à Sainte-Hélène le 5 mai 1821. Inhumé aux invalides le 15 décembre 1840[2].

Femmes :

Marie-Joseph-Rose Tascher de la Pagerie, dite José-

[1] L'empire fut voté par 3,572,329 suffrages contre 2,569.

[2] FRÈRES ET SŒURS DE NAPOLÉON Ier :

I. JOSEPH, né en 1769. Roi de Naples en 1806. Roi d'Espagne en 1808. Mort en 1844.

II. LUCIEN, né en 1775. Prince de Canino en 1804. Mort en 1840.

III. ÉLISA, née en 1777. Mariée en 1797 au comte Baciocchi. Morte en 1820.

IV. LOUIS, né en 1778. Roi de Hollande en 1806. Mort en 1846. Avait épousé, en 1802, Hortense Beauharnais, fille de Joséphine, dont il eut trois fils : *Charles*, mort en 1807 ; *Louis*, mort en 1831 ; *Charles-Louis*, devenu NAPOLÉON III.

V. PAULINE, née en 1780. Mariée en 1801 au général Leclerc

phine. Née à la Martinique le 23 juin 1763. Mariée le 13 décembre 1779 au vicomte Alexandre de Beauharnais. Veuve le 23 juin 1794. Remariée le 9 mars 1796. Divorcée le 16 décembre 1809. Morte à la Malmaison le 29 mai 1814.

Léopoldine-Françoise-Thérèse-Joséphine-Lucie-Marie-Louise, fille de François Ier, empereur d'Autriche, et de Marie-Thérèse, fille de Ferdinand IV, roi de Naples. Née à Vienne le 12 décembre 1791. Mariée le 1er avril 1810. Duchesse de Parme le 11 avril 1814. Remariée secrètement au comte de Neipperg après 1821. Morte à Vienne le 18 décembre 1847.

Enfants :

Enfants adoptifs, issus de Joséphine et du vicomte de Beauharnais :

Eugène-Rose de Beauharnais. Né à Paris le 3 septembre 1781. Adopté en 1806. Duc de Leuchtenberg, prince d'Eischtædt, roi d'Italie. Mort le 22 février 1824.

Eugénie-Hortense de Beauharnais, née à Paris le 10 avril 1783. Mariée le 3 janvier 1802 à Louis Bonaparte, fait roi de Hollande en 1806. Adoptée en 1806. Morte à

Veuve en 1802. Remariée en 1803 à Camille, prince Borghese et duc de Guastalla. Morte en juin 1825.

VI. Caroline, née en 1782. Mariée en 1800 à Joachim Murat. Morte en 1839.

VII. Jérôme, né en 1784. Roi de Westphalie en 1807. Mort le 25 juin 1860. Parmi ses enfants : *Jérôme-Charles*, né en 1814, mort en 1847; *Mathilde*, née en 1820; *Joseph-Charles*, né en 1822, marié à Clotilde-Marie-Thérèse, fille du roi Victor-Emmanuel, mort le 18 mars 1891, laissant deux fils : Victor, né en 1862, et Louis, né en 1864. (Voy. le tableau n° 4.)

Arenenberg le 5 octobre 1837. — Son troisième fils devint l'empereur Napoléon III.

Fils de Marie-Louise :

NAPOLÉON II.

NAPOLÉON II

François-Charles-Joseph. Fils de Napoléon Iᵉʳ et de Marie-Louise. Né à Paris le 20 mars 1811. D'abord roi de Rome. Empereur fictif, par l'abdication de son père, le 6 avril 1814. Duc de Reichstadt le 18 juillet 1818. Mort à Schœnbrunn, près de Vienne, le 22 juillet 1832.

VIII

RESTAURATION

Du 6 avril 1814 au 2 août 1830.

La charte constitutionnelle, octroyée par Louis XVIII, promulguée le 10 juin 1814, défère le pouvoir exécutif au roi, dont « la personne est inviolable et sacrée, » et qui gouverne par des ministres responsables[1].

. Le pouvoir législatif appartient à deux chambres :

1º La *Chambre des pairs,* composée de membres en

---

[1] Article 13.

nombre illimité, que le roi peut « nommer à vie ou rendre héréditaires, selon sa volonté[1]. »

2° La *Chambre des députés*, élue pour cinq ans par les deux cent mille Français payant trois cents francs de contributions directes[2]. Le président était nommé par le roi sur une liste de cinq membres présentés par la chambre[3]. Pour être éligible, il fallait être âgé de quarante ans et payer mille francs de contributions[4].

La religion catholique est déclarée *religion de l'État*[5].

LOUIS XVIII
Dit *le Désiré*.

Louis-Stanislas-Xavier. Fils du Dauphin Louis, fils de Louis XV, et de Marie-Josèphe de Saxe. Né à Versailles le 17 novembre 1755. D'abord comte de Provence. Roi, d'après la fiction monarchique, le 8 juin 1795, jour de la mort de Louis XVII, mais en réalité le 6 avril 1814. Mort à Paris le 16 septembre 1824.

Femme :

Marie-Joséphine-Louise de Savoie, fille de Victor-Amédée III, roi de Sardaigne. Née le 2 septembre 1753. Mariée à Versailles le 14 mai 1771. Morte à Hartwell, en Angleterre, le 13 novembre 1810.

Sans postérité.

[1] Article 27. — [2] Article 40. — [3] Article 43. — [4] Article 38. — [5] Article 6.

CHARLES X

Charles-Philippe. Fils du Dauphin Louis, fils de Louis XV, et de Marie-Josèphe de Saxe. Né à Versailles le 9 octobre 1757. D'abord comte d'Artois. Roi le 16 septembre 1824. Abdique à Rambouillet le 2 août 1830. Meurt à Goritz, en Illyrie, le 6 novembre 1836.

Femme :

MARIE-THÉRÈSE DE SAVOIE, fille de Victor-Amédée III, roi de Sardaigne[1]. Née le 31 janvier 1756. Mariée à Versailles le 16 novembre 1773. Morte à Gratz le 2 juin 1805.

Enfants :

Louis-Antoine, DUC D'ANGOULÊME. Né à Versailles le 6 août 1775. Marié le 10 juin 1799 à Marie-Thérèse-Charlotte de France[2]. Renonce à ses droits au trône le 2 août 1830. Meurt à Goritz le 3 juin 1844, sans postérité.

Sophie, dite *Mademoiselle*. Née à Versailles le 5 août 1776. Morte le 5 décembre 1783.

Charles-Ferdinand, DUC DE BERRI, né à Versailles le 24 janvier 1778. Marié à Londres, vers 1807, avec miss Amy Brown, qu'il abandonna après en avoir eu deux filles, dont la seconde épousa le baron de Charette. Remarié à Paris, le 17 juin 1816, avec *Marie-Ca-*

---

[1] Elle était sœur cadette de la comtesse de Provence.
[2] *Madame royale*, fille de Louis XVI.

roline-Fernande-Louise, fille de François Ier, roi des Deux-Siciles, morte en Styrie le 17 avril 1870. Assassiné à Paris le 13 février 1820. — Marie-Caroline lui donna quatre enfants : I. Louise-Isabelle, née le 13 juillet 1817, morte le lendemain. — II. N., née le 13 septembre 1818, morte le même jour. — III. Louise-Marie-Thérèse, dite *Mademoiselle,* née à Paris le 21 septembre 1819, mariée en 1845 à Charles III, duc de Parme. — IV. HENRI V.

N., dite *Mademoiselle d'Angoulême,* née à Versailles le 6 janvier 1783. Morte le 22 juin suivant.

HENRI V

Henri-Charles-Ferdinand-Marie-Dieudonné d'Artois. Fils du duc de Berri, fils de Charles X, et de Marie-Caroline. Né posthume à Paris le 29 septembre 1820. D'abord duc de Bordeaux, puis comte de Chambord. Roi, d'après la fiction monarchique, le 2 août 1830, jour de l'abdication de Charles X. Mort à Frohsdorf, en Autriche, le 24 août 1883.

Femme :

MARIE-THÉRÈSE-Béatrix-Gaëtane, fille de François IV, duc de Modène. Née le 14 juillet 1817. Mariée le 16 novembre 1846.

Sans postérité. Henri V a donc été le dernier descendant de la branche aînée des Bourbons.

IX

BRANCHE CADETTE DES BOURBONS
Du 9 août 1830 au 24 février 1848.

Charles X avait abdiqué en faveur de son petit-fils (Henri V), alors âgé de dix ans. Mais la chambre des députés proclama roi des Français [1] Louis-Philippe, duc d'Orléans, chef de la branche cadette des Bourbons.

Elle descendait de Philippe, duc d'Orléans, frère de Louis XIV.

La généalogie s'établit ainsi :

Philippe d'Orléans, frère de Louis XIV. Mort en 1701.

Philippe II, *le Régent*. Mort en 1723.

Louis, duc de Chartres. Mort en 1752.

Louis-Philippe. Mort en 1785.

Louis-Philippe-Joseph, dit *Philippe-Égalité*. Guillotiné en 1793.

Louis-Philippe Ier, roi des Français [2].

La *charte de 1830*, votée le 7 août, est *acceptée* le 9 par Louis-Philippe, qui prend le titre de *roi des Français*. Le nombre des pairs est illimité ; le roi « peut les nommer à vie ou les rendre héréditaires, selon sa volonté [3] ». Les députés sont élus pour cinq ans [4]. La re-

---

[1] Par 210 voix contre 33, sur 250 votants.
[2] Voy. le tableau n° 3.
[3] Article 23. — [4] Article 31.

ligion catholique est déclarée religion de *la majorité des Français*[1].

La loi du 19 avril 1831 exige le payement de cinq cents francs de contributions directes pour être éligible comme député[2], de deux cents francs pour être électeur[3]. « Sont en outre électeurs, en payant cent francs de contributions directes, les membres et correspondants de l'Institut, et les officiers jouissant d'une pension de retraite de douze cents francs au moins[4]. »

LOUIS-PHILIPPE Ier.

Fils de Louis-Philippe-Joseph, duc d'Orléans, dit *Philippe-Égalité,* guillotiné le 6 novembre 1793, et de Louise-Marie-Adélaïde de Bourbon, fille du duc de Penthièvre, morte en 1821[5]. Né au Palais-Royal, à Paris, le 6 octobre 1773. D'abord duc de Valois, puis duc de Chartres, puis duc d'Orléans. Lieutenant général du royaume le 30 juillet 1830. Roi des Français le 9 août 1830. Abdique le 24 février 1848. Meurt à Claremont, en Angleterre, le 26 août 1850.

[1] Article 6. — [2] Article 59. — [3] Article 1. — [4] Article 3.

[5] FRÈRES ET SŒUR DE LOUIS-PHILIPPE :

I. Antoine-Philippe, *duc de Montpensier,* né le 3 juillet 1775, mort le 18 mars 1807.

II. Lucile-Marie-*Adélaïde*-Eugénie, dite *Mademoiselle d'Orléans,* née le 23 août 1777, morte le 31 décembre 1847.

III. Alphonse-Léodegar, *comte de Beaujolais,* né le 7 octobre 1779, mort le 14 mai 1808.

Femme :

MARIE-AMÉLIE *de Bourbon*, fille de Ferdinand Ier, roi des Deux-Siciles, et de Marie-Caroline, archiduchesse d'Autriche. Née à Caserte le 26 avril 1782. Mariée le 25 novembre 1809. Morte à Claremont le 24 mars 1866.

Enfants :

FERDINAND-Philippe-Louis-Charles-Henri, DUC D'OR-LÉANS. Né à Palerme le 3 septembre 1810. Marié le 30 mai 1837. Mort à Neuilly-sur-Seine le 13 juillet 1842. — Sa femme, HÉLÈNE-Louise-Élisabeth de Mecklembourg-Schwerin, lui donna deux fils : I. Louis-Philippe-Albert, *comte de Paris*, devenu PHILIPPE VII. — II. Robert-Philippe-Louis-Eugène-Ferdinand, *duc de Chartres*, né à Paris le 9 novembre 1840.

LOUISE-Marie-Thérèse-Caroline-Isabelle, dite *Mademoiselle*. Née à Palerme le 3 avril 1812. Mariée le 3 août 1832 à Léopold II, roi des Belges. Morte en octobre 1850.

MARIE-Christine-Caroline-Adélaïde-Françoise-Léopoldine, dite *Mademoiselle de Valois*. Née en 1813. Mariée en 1837 à Frédéric-Guillaume, duc de Wurtemberg. Morte le 2 janvier 1839.

LOUIS-Charles-Philippe-Raphaël, DUC DE NEMOURS. Né à Paris le 25 octobre 1814. Marié le 27 avril 1840. — Sa femme, Victoire-Auguste-Antoinette de Saxe-Cobourg-Gotha, morte en 1857, lui a donné quatre enfants, dont deux fils : le *comte d'Eu*, né en 1842, marié en 1864 à la fille de Pedro II, empereur du Brésil ; et le *duc d'Alençon*, né en 1844. Une des filles, née en 1872, a épousé le prince Czartoryski.

Marie - CLÉMENTINE - Caroline - Léopoldine - Clotilde, dite *Mademoiselle de Beaujolais*. Née en 1817. Mariée en 1843 au duc de Saxe-Cobourg-Cohari.

FRANÇOIS - Ferdinand - Philippe - Louis-Marie, PRINCE DE JOINVILLE. Né à Neuilly le 14 août 1818. Marié le 1er mai 1843. — Sa femme, Francesca de Bragance, fille de Pedro Ier, empereur du Brésil, lui a donné deux enfants : une fille, née en 1844, qui a épousé son cousin le duc de Chartres ; et un fils, le *duc de Penthièvre*, né en 1845.

HENRI-Eugène-Philippe-Louis, DUC D'AUMALE. Né à Paris le 16 janvier 1822. Marié le 25 novembre 1844. Membre de l'Académie française le 30 décembre 1871. — Sa femme, Marie-Caroline-Auguste de Bourbon, fille du prince Léopold de Salerne, lui a donné deux fils : le *prince de Condé*, né en 1845, mort en 1866 ; le *duc de Guise*, né en 1854, mort en 1872.

ANTOINE-Marie-Philippe-Louis, DUC DE MONTPENSIER. Né à Neuilly le 31 juillet 1824. Marié à Madrid le 10 octobre 1846, avec Marie-Louise-Ferdinande de Bourbon, sœur d'Isabelle II, reine d'Espagne. — Il en a eu trois fils et quatre filles. L'aînée des filles a épousé en 1864 son cousin le comte de Paris (PHILIPPE VII). La troisième, Mercedes, morte en 1878, avait épousé le roi Alfonse XII. Le seul survivant des trois fils, Antoine, est marié à l'infante Eulalie, sœur d'Alfonse XII.

Le duc de Bordeaux (Henri V), dernier représentant de la branche aînée des Bourbons, étant mort le 24 août 1883, le droit à la couronne passa à la branche cadette, dans la personne du comte de Paris, qui prit le nom de PHILIPPE VII.

PHILIPPE VII

Louis-Philippe-Albert, fils aîné de Ferdinand-Philippe, duc d'Orléans, et d'Hélène-Louise de Mecklembourg-Schwerin. Né à Paris le 24 août 1838. D'abord comte de Paris. Roi fictif le 24 août 1883, jour de la mort de Henri V. Mort à Stowe-House, en Angleterre, le 8 septembre 1894.

Femme :

Marie-Isabelle-Françoise d'Orléans, fille du duc de Montpensier et de Marie de Bourbon. Née le 21 septembre 1848. Mariée le 30 mai 1864.

Enfants :

Marie-Amélie-Louise-Hélène, née à Twickenham le 28 septembre 1865. Mariée à Lisbonne le 22 mai 1886, avec Charles de Bragance, devenu roi de Portugal.

PHILIPPE VIII.

Louise-Hélène-Henriette, née à Twickenham le 16 juin 1871.

Marie-Isabelle, née au château d'Eu le 7 mai 1878.

Louise-Françoise, née à Cannes le 24 février 1882.

Ferdinand-François, né au château d'Eu le 9 septembre 1884.

PHILIPPE VIII

Louis-Philippe-Robert. Fils de Philippe VII et d'Isabelle d'Orléans. Né à York-House, près de Twickenham, en Angleterre, le 6 février 1869. D'abord duc d'Orléans. Roi fictif le 8 septembre 1894, jour de la mort de Philippe VII.

X

DEUXIÈME RÉPUBLIQUE

Proclamée par le peuple le 25 février 1848, puis par l'Assemblée constituante le 4 mai suivant.

Gouvernement provisoire :

« Sorti d'acclamation et d'urgence par la voix du peuple et des députés des départements, » dans la séance du 24 février.

DUPONT (de l'Eure).

LAMARTINE.

AD. CRÉMIEUX.

FR. ARAGO.

LEDRU-ROLLIN.

GARNIER-PAGÈS.

MARIE.

ARMAND MARRAST.
LOUIS BLANC.
FERD. FLOCON.
ALBERT[1].

} *Secrétaires.*

Premier ministère[2] :

DUPONT de l'Eure. *Président,* sans portefeuille.

LAMARTINE. *Affaires étrangères.*

CRÉMIEUX. *Justice.*

LEDRU-ROLLIN. *Intérieur.*

M. GOUDCHAUX. *Finances.*

FR. ARAGO. *Marine.*

Général BEDEAU. *Guerre.*

HIP. CARNOT. *Instruction publique et cultes.*

EUG. BETHMONT. *Commerce.*

MARIE. *Travaux publics.*

Général CAVAIGNAC, *gouverneur de l'Algérie.*

GARNIER-PAGÈS, *maire de Paris.*

GUINARD, *adjoint.*

RECURT, *adjoint.*

L'*Assemblée nationale* ouvre ses séances le 4 mai. Le gouvernement provisoire résigne ses pouvoirs le 6. Il est remplacé par une *commission exécutive,* composée de cinq membres :

ARAGO.

GARNIER-PAGÈS.

---

[1] *Moniteur universel* du 25 février. Dans ce numéro, ALBERT est nommé AUBERT ; il devient « ALBERT, ouvrier, » dans le numéro du 26. Il s'appelait en réalité Alexandre Martin.

[2] *Moniteur universel* du 25 février.

Marie.

Lamartine.

Ledru-Rollin.

Insurrection des 23, 24, 25 et 26 juin. Le 28, l'Assemblée nomme chef du pouvoir exécutif

le général Cavaignac.

La *constitution de 1848,* promulguée le 12 novembre, établit la république « démocratique, une et indivisible[1] », avec un président élu au suffrage universel pour quatre ans, et rééligible seulement après un intervalle de quatre années[2]. Le pouvoir législatif appartient à une assemblée de 750 membres élus pour trois ans par le *suffrage universel*[3]. *L'égalité de tous les cultes est proclamée*[4].

Président de la république.

Élu le 10 décembre[5] par 5,400,000[6] suffrages sur 7,000,000 de votants :

[1] Article 2.

[2] Article 43. — Le peuple français délègue le pouvoir exécutif à un citoyen qui reçoit le titre de président de la république.

Art. 44. — Le président doit être né Français, âgé de trente ans au moins, et n'avoir jamais perdu la qualité de Français.

Art. 45. — Le président de la république est élu pour quatre ans, et n'est rééligible qu'après un intervalle de quatre années.

[3] La *loi électorale*, revisée par l'Assemblée législative et votée le 31 mai 1850, supprima le *suffrage universel*. Elle raya trois millions d'électeurs en exigeant d'eux trois ans de domicile dans la commune et l'inscription sur les rôles de la contribution personnelle.

[4] Article 7.

[5] Il fut proclamé par l'Assemblée le 20 décembre. Voy. le *Moniteur* des 21 et 23 décembre 1848.

[6] Chiffre exact : 5,434,226. Le général Cavaignac obtint 1,448,107

LOUIS-NAPOLÉON BONAPARTE.

Il est nommé *président pour dix ans* le 31 décembre 1851[1], titre qu'il change, le 2 décembre 1852[2], contre celui d'empereur.

XI

SECOND EMPIRE

Du 2 décembre 1852 au 4 septembre 1870.

Le droit de succession au trône impérial avait été réglé par la loi du 28 floréal an XII et celle du 5 frimaire an XIII. A défaut de descendants directs de l'empereur, elles attribuaient l'hérédité aux fils de Joseph, puis à ceux de Louis, à l'exclusion de ceux de Lucien. Le duc de Reichstadt (NAPOLÉON II) étant mort en 1832 sans enfant, et Joseph n'ayant eu que des filles, le droit à la couronne appartenait à Charles-Louis-Napoléon Bonaparte (NAPOLÉON III), fils de Louis[3].

La constitution de 1852, soumise à la sanction du peuple, fut acceptée par 7,449,000 *oui* contre 646,000 *non*.

voix; M. Ledru-Rollin, 370,119; M. Raspail, 36,920; M. de Lamartine, 17,900.

[1] Par 7,439,216 voix sur 8,116,773 votants. *Moniteur* du 1ᵉʳ janvier 1852.

[2] Le plébiscite du 22 novembre donna pour résultat 7,824,189 oui. contre 253,145 non. *Moniteur* du 2 décembre 1852.

[3] Voy. le tableau nᵒ 4.

Elle centralisait l'autorité entre les mains de l'empereur, seul responsable. Le suffrage universel était rétabli. Le pouvoir législatif se partageait entre un *Conseil d'État* nommé par le souverain, un *Corps législatif* élu pour six ans, et un *Sénat* composé de cent cinquante membres nommés à vie par l'empereur.

NAPOLÉON III

Charles-Louis-Napoléon Bonaparte, fils de Louis Bonaparte, roi de Hollande, et de Hortense de Beauharnais. Né au palais des Tuileries le 20 avril 1808. Baptisé au château de Fontainebleau le 10 novembre, il eut pour parrain Napoléon Ier, et pour marraine l'impératrice Marie-Louise. Il tente de s'emparer du pouvoir à Strasbourg en 1836 et à Boulogne en 1840. Validé comme représentant du peuple le 13 juin 1848. Président de la république le 10 décembre 1848. Président pour dix ans le 31 décembre 1851. Empereur le 2 décembre 1852. Déclaré déchu le 4 septembre 1870. Mort à Chislehurst, en Angleterre, le 9 janvier 1873.

Femme :

Marie-*Eugénie* DE MONTIJO de Gusman, comtesse de Teba. Née à Grenade (Espagne) le 5 mai 1826. Mariée le 29 janvier 1853. Régente le 23 juillet 1870.

Enfant :

Eugène-Louis-Jean-Joseph-NAPOLÉON BONAPARTE. Né à Paris le 16 mars 1856. Tué en Afrique par les Zoulous le 1er juin 1879.

. Ce prince étant décédé sans postérité, le droit de succession au trône impérial appartient aujourd'hui à :

NAPOLÉON-*Victor*-Jérôme-Frédéric, fils de Napoléon-Joseph-Charles-Paul Bonaparte, et de *Clotilde*-Marie-Thérèse-Louise, fille de Victor-Emmanuel, roi d'Italie. Né à Paris le 11 juillet 1862.

XII

TROISIÈME RÉPUBLIQUE

Proclamée par le peuple le 4 septembre 1870, et reconnue[1] par l'Assemblée nationale le 25 février 1875.

Gouvernement de la défense nationale :

« Nommé d'acclamation » le 4 septembre 1870.

Général TROCHU, président.
Emmanuel ARAGO.
Adolphe CRÉMIEUX.
Jules FAVRE.
Jules FERRY.
Léon GAMBETTA.
GARNIER-PAGÈS.

[1] Cette reconnaissance tacite se manifesta seulement par les mots : « Le président de la république est élu à la majorité... » qui servent de début à l'article 2 de la constitution de 1875. Ces mots représentaient un amendement proposé par M. H. Wallon, et qui fut voté, à une voix de majorité, dans la séance du 29 janvier.

Glais-Bizouin.

Eugène Pelletan.

Ernest Picard.

Henri Rochefort.

Jules Simon[1].

Premier ministère :

Formé le 4 septembre.

Jules Favre. *Affaires étrangères.*

Léon Gambetta. *Intérieur.*

Général Leflô. *Guerre.*

Amiral Fourichon. *Marine.*

Ad. Crémieux. *Justice.*

Ernest Picard. *Finances.*

Jules Simon. *Instruction publique et cultes.*

P.-F. Dorian. *Travaux publics.*

Étienne Arago. *Maire de Paris.*

Charles Floquet. *Adjoint.*

Eug. Brisson. *Adjoint.*

A. de Kératry. *Préfet de police*[2].

Délégation de Tours :

Instituée le 12 septembre.

A. Crémieux.

Glais-Bizouin.

Amiral Fourichon[3].

L. Gambetta y fut adjoint le 8 octobre[4].

[1] *Journal officiel* du 5 septembre.
[2] *Journal officiel* du 5 septembre.
[3] *Journal officiel* des 13 et 17 septembre.
[4] *Journal officiel* du 8 octobre.

L'Assemblée nationale élue se réunit à Bordeaux le 12 février 1871. Le gouvernement de la Défense nationale dépose ses pouvoirs le 13 février. Le 16, M. Jules Grévy est élu *président de l'Assemblée nationale*.

M. A. Thiers est élu, le 17, *chef du pouvoir exécutif*.

Le 31 août, l'Assemblée nationale se reconnaît le pouvoir constituant, et, sans proclamer la république comme forme définitive du gouvernement [1], élit un *président de la république*. Enfin, la *constitution du 25 février 1875* institue un PRÉSIDENT DE LA RÉPUBLIQUE [2], qui devra être élu à la majorité absolue des suffrages par le sénat et la chambre des députés réunis en congrès dans la ville de Versailles. Le président sera élu pour sept ans et rééligible [3].

Présidents de la république :

Louis-Adolphe THIERS, né à Marseille le 16 avril 1797. Élu le 31 août 1871 [4]. Démissionnaire le 24 mai 1873. Mort à Saint-Germain-en-Laye le 5 septembre 1877.

Marie-Edme-Patrice-Maurice DE MAC-MAHON, duc de Magenta. Né à Sully (Saône-et-Loire) le 13 juillet 1808. Élu le 24 mai 1873 [5]. Démissionnaire le 30 janvier 1879. Mort le 17 octobre 1893.

---

[1] L'article 1er du décret du 31 août 1871 est ainsi conçu : « Le chef du pouvoir exécutif prendra le titre de président de la république française. Il continuera d'exercer, sous l'autorité de l'Assemblée nationale, les fonctions qui lui ont été déléguées par le décret du 17 février 1871. »

[2] Voy. ci-dessus p. 87.

[3] Article 2.

[4] Par 533 voix sur 601 votants.

[5] Par 390 voix sur 392 votants. Toute la gauche s'abstint.

François-Paul-Jules GRÉVY. Né à Mont-sous-Vaudrey (Jura) le 15 août 1813. Élu le 30 janvier 1879 [1]. Réélu le 28 décembre 1885 [2]. Démissionnaire le 2 décembre 1887. Mort le 9 septembre 1891.

Marie-François-Sadi CARNOT. Né à Limoges le 11 août 1837. Élu le 3 décembre 1887 [3]. Assassiné à Lyon le 24 juin 1894.

Jean-Paul-Pierre Périer, dit CASIMIR-PÉRIER [4]. Né à Paris le 8 novembre 1847. Élu le 27 juin 1894 [5]. Démissionnaire le 15 janvier 1895.

François-Félix FAURE. Né à Paris le 30 janvier 1841. Élu le 17 janvier 1895 [6].

---

[1] Par 563 voix sur 713 votants.
[2] Par 457 voix sur 589 votants.
[3] Par 616 voix sur 827 votants.
[4] Autorisé, en 1874, à modifier ainsi son nom patronymique.
[5] Par 451 voix sur 845 votants.
[6] Par 430 voix sur 800 votants.

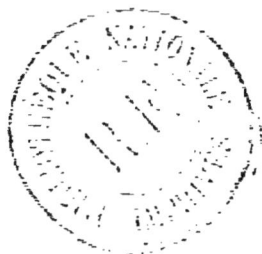

TABLE ALPHABÉTIQUE

J'espère que l'on me saura gré d'avoir donné à cette table tout le développement possible. Je m'y suis préoccupé aussi de faciliter la lecture des nombreux mémoires relatifs à notre histoire. Ainsi, l'on y trouvera, classés alphabétiquement, les surnoms qu'ont portés certains personnages, et sous lesquels leurs contemporains les ont presque toujours désignés. Je citerai comme exemples :

Monseigneur. — Le grand Dauphin, etc.

Palatine (la princesse).

Madame royale, etc.

Mademoiselle de Blois. — Mademoiselle de Montpensier. Mademoiselle de Chartres, etc.

Bâtard de Bourbon (le). — Bâtard d'Orléans (le), etc.

Chevalier d'Angoulême (le). — Chevalier de Vendôme, etc.

Fort (Robert le). — Pacifique (Conrad le), etc.

Quant aux grands seigneurs désignés souvent par leur titre seul : *duc d'Anjou, duc de Bourgogne, duc de Normandie,* etc., des listes chronologiques, placées aux mots *Anjou. Bourgogne, Normandie,* etc., permettront d'identifier ceux d'entre eux qui figurent dans ce petit volume.

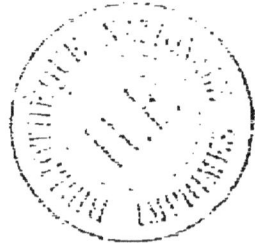

3940

SOCIÉTÉ ANONYME D'IMPRIMERIE DE VILLEFRANCHE-DE-ROUERGUE
Jules Bardoux, Directeur.

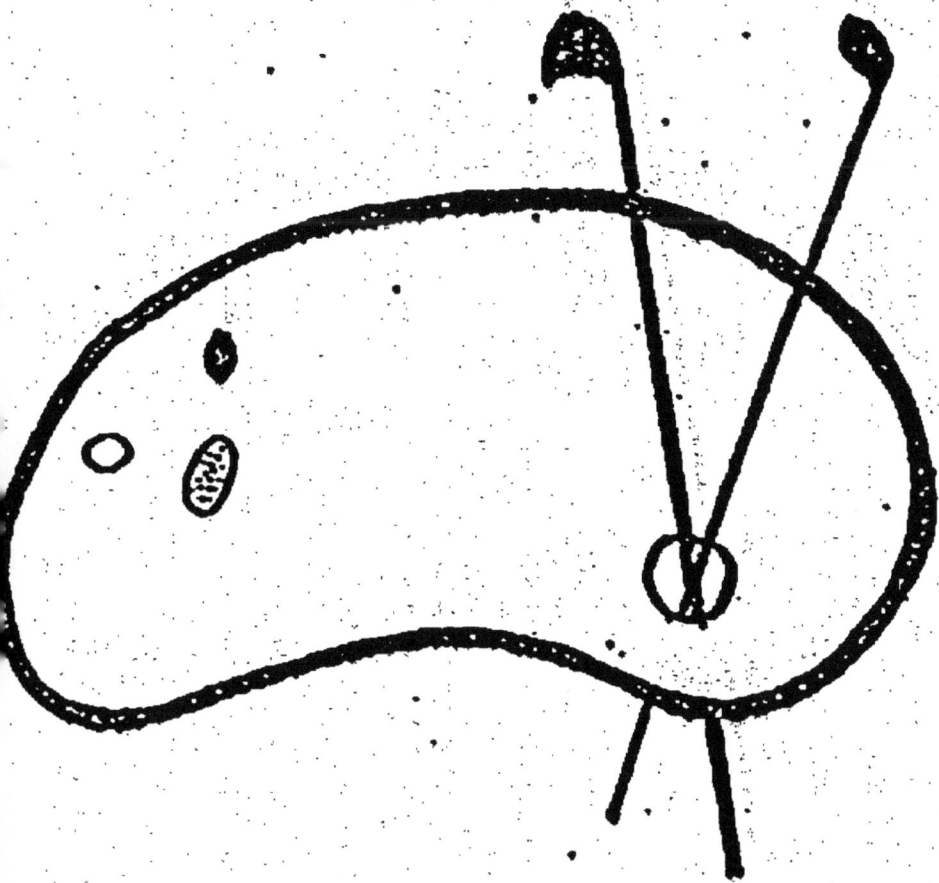

ORIGINAL EN COULEUR
NF Z 43-120-8

www.ingramcontent.com/pod-product-compliance
Lightning Source LLC
Chambersburg PA
CBHW051731090426
42738CB00010B/2201